料理をほめられたことがない人に捧げる

松尾シェフのレシピ帖

松尾幸造

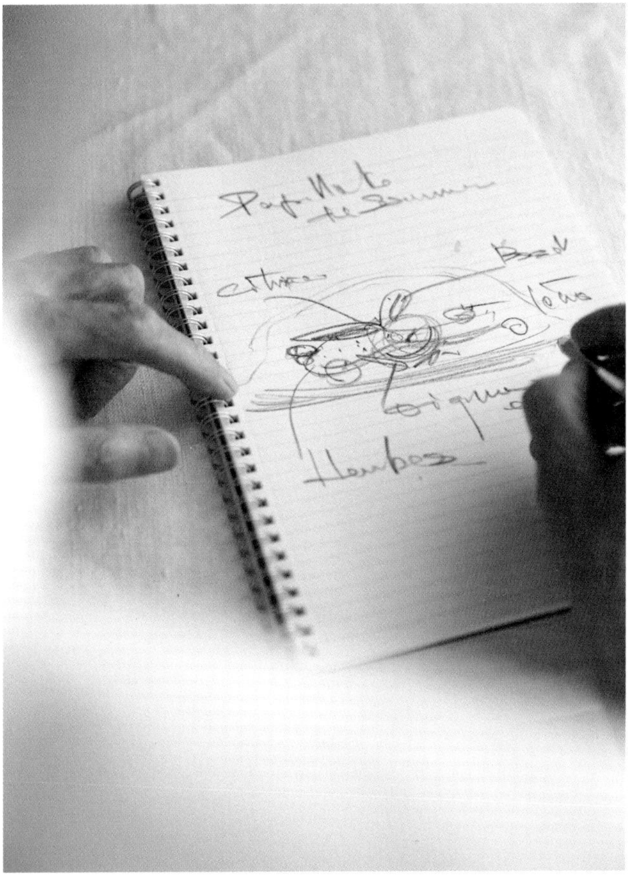

KADOKAWA

ほめられる料理を作るために大切なこと

YouTubeチャンネル「Grand Chef MATSUO 松尾幸造」をはじめて3年になりますが、うれしいのは、視聴してくださった方から数多くの「今まででいちばんおいしくできました」「家族においしいとほめられました」という声をいただくことです。私自身、若い頃に初めて作った料理がお店みたいにおいしくできたときに感動して、人にも作ってあげたい！と思った経験があります。そしてそれが料理の道に入るきっかけになったと言えるかもしれません。

食べてくれた人に〝ほめられる〟ことは「おいしい料理を作ろう！」というモチベーションになります。子育てや仕事で、忙しい日々を送っている人にとって、料理は面倒くさいもの、という思いがあるようですが、だからといって塩分や油脂類も多いインスタント食品や外食で済ませていると、中長期的に体に負荷がかかります。

家庭料理は、安価な食材で、おいしく、早く作らなければいけま

せん。私は半世紀以上〝食〟の仕事に携わってきましたが、そういう意味ではとても難しい。私も撮影のために作ってみて、料理の原点は家庭料理にあると思うようになりました。

自分の目で食材や調味料を選べることは、何より安心安全で、味つけも自分好みに調整できるので、満足感が違います。また、自分で作れば経済的で健康管理もできます。大切な人のために作る。そういう意味でも家庭料理はすばらしいと思います。

料理が苦手という方は、味がボケていることがほとんどのようです。また、作るときの段取りが悪いと、時間もかかってしまいますね。レシピはただ見るだけではなくて、読み込むことが大事なんです。そこで作る手順を頭に入れて、味をイメージしたり、盛りつけを考えたりしながら作るとうまくいきます。

ほめられる料理を作るためにはいくつかのコツがあるので、それを意識して料理を作ってみてください。料理がおいしくできるようになったら、作ることが楽しくなりますよ。本書を読んで、より楽しく充実した料理体験が得られることを願っています。

料理が苦手な人に伝えたい6つのこと

1、下準備はまとめてする

食材を適切な大きさに切ったり、下ゆでしたり、食材の下準備は初めにまとめて行ないます。下準備さえできていればあとの調理がスムーズに進み、料理の半分は完成したも同然です。この本ではわかりやすいように、「下準備」としてレシピ左側のバーに表示しています。

2、手間を減らすことを考える

食材を切るときは、まず野菜を切ってから、肉や魚を切るようにします。肉や魚の雑菌が野菜につくのを防ぐことができ、まな板を洗う手間を省くことができます。下ゆでや揚げものなども、1つのフライパンや鍋を使いまわせるように考えて調理するとよいでしょう。

3、塩の入れ方をマスターする

味がボケないようにするには、塩の入れ方が決め手になります。塩は目分量ではなく、必ず計量して加えましょう。料理は何度も舌の上を通るため、一口食べてちょうどよい味にすると食べ終わったときに濃く感じるので、初めに加える塩は控えめにします。そして必ず味見をして塩分を調整し、メリハリのある味に仕上

げます。塩ひとつまみは3本の指でつまんだ量で1gが基準ですので、自分のひとつまみの量も計っておくとよいでしょう。

4、盛りつけをイメージする

料理は、まず見た目が大切です。盛りつけが美しく、彩りよく食材が調和していると、料理はより魅力的に見えて食欲をそそります。盛りつける器や、付け合わせとのバランスを考えて調理することをおすすめします。また、食材の配置や高さを意識しながら盛りつけると、驚くほど見ばえがよくなります。

5、アレンジは基本をマスターしてから

初めはレシピ通りに作り、基本の味をマスターしてから自分好みの味、わが家の味を見つけてください。最初からアレンジすると、そこでつまずいてしまいますので、まずはその通りに作ってみてください。上手に作れたら、自分の好みに合わせて具を変えたり、スパイスを変えたりしてアレンジしてみましょう。

6、失敗を恐れずに楽しんで作る

料理は失敗も含めて学びの連続です。うまくいかないこともあるかもしれませんが、そこから得られる経験が成長につながります。食べる人の笑顔を想像して、焦らず、プレッシャーを感じないようにして楽しく作ると、食べる人においしさが伝わります。

目次

2章 卵とじゃがいもを使いこなす　56

3章 安い食材でもごちそうは作れる　86

アートディレクション　中村圭介（ナカムラグラフ）
デザイン　鳥居百恵　樋口万里（ナカムラグラフ）
撮影　邑口京一郎
スタイリング　本郷由紀子
松尾幸造マネージメント　渡邊通世
調理アシスタント　三好弥生　好美絵美
校正　根津桂子　新居智子
編集　内田加寿子　中野さなえ（KADOKAWA）

この本のルール

●小さじ1は5㎖、大さじ1は15㎖、1カップは200㎖、1合は180㎖、ひとつまみは親指、人差し指、中指の3本の指でつまんだ量（1gが基準）です。
●野菜は特に表記していない場合は、皮をむいたり筋を取ったりしています。
●塩は精製していない天然のものを、特に指定のないこしょうは粗びき黒こしょうを使用しています。
●「EVオリーブオイル」は、エクストラバージンオリーブオイルのことです。単に「オリーブオイル」と書いてあるものはピュアオリーブオイルを指しています。
●材料やレシピ中の「油」は、米油や菜種油など、クセのない油を指しています。好みの油を使ってください。
●加熱時間と火加減は、ガスコンロ使用を基準にしています。IH調理器具などの場合には、調理器具の表示を参考にしてください。
●オーブンはコンベクションオーブンを使用しています。ご使用のオーブンに合わせ、加熱時間を調節してください。
●電子レンジは600Wのものを基準にしています。500Wなら1.2倍、700Wなら0.9倍の時間で加熱してください。
●保存容器は、よく洗って完全に乾かし、清潔にしたものを使ってください。

1章

定番料理は ひと手間で もっとおいしくなる

オムライスやナポリタンなど、
普段何気なく作っている定番料理も、
プロならではのテクニックを取り入れて
ひと手間かけると、格段においしくなります。
オムライスなら、溶き卵をざるでこしてバターで焼けば、
見るからにおいしそうな卵焼きが作れる、というように。
極めつきは、ステーキです。
ただ焼くだけとあなどってはいけません。
フライパンの使い方、火の入れ方に注意すれば、
手頃な輸入牛がおいしく食べられます。
リブロースやヒレなど、部位別のレシピを紹介しますので、
ぜひトライしてください。

オムライス

マッシュルームとバターでコクを出す

最近はいろいろなオムライスを見かけますが、ここではオーソドックスで作りやすいレシピをご紹介します。中に包むチキンライスの味つけはトマトケチャップがメイン。味に奥深さを出すために、旨味の出るマッシュルームを加え、バターでコクを出します。

おいしく作るポイントは3つ。

〈その1〉マッシュルームは炒めると水分が出るので、水分がなくなるまで炒めます。温かいご飯を加えたら、ご飯の一粒一粒にトマトケチャップの色がなじむようによく炒めます。

〈その2〉きめの細かい赤ちゃんの肌のような卵焼きを作るために、卵はよく混ぜてざるでこします。汚れのないフッ素樹脂加工のフライパンを使い、油はペーパータオルでフライパンの表面を拭く程度の量に。油の量が多いとシワシワの卵焼きになってしまいます。卵を一気に流し込み、卵のまわりが焼けてきたら火を止めることも重要です（余熱で火が入りますので）。

〈その3〉ご飯をのせる位置は、卵焼きの中央より少し奥にずらし、手前の卵焼きを指でつまんでかぶせるようにして一気にお皿の上にひっくり返します。少し形がくずれても、ラップをかぶせて形を整えれば大丈夫です。

リーフサラダ
→P54

懐かしのオムライス

作り方

下準備

1

マッシュルームは2〜3㎜厚さに切る。玉ねぎはみじん切りにする。鶏肉は1㎝角に切り、塩ひとつまみ、こしょう少々をふる。卵は溶きほぐし、ざるでこす(a)。

⇒ 卵をこすことで、卵焼きの表面がなめらかでツヤよく仕上がります。

チキンライスを作る

2

フッ素樹脂加工のフライパン(直径20㎝)にオリーブオイル小さじ1とバター10gを中火で熱し、**1**の鶏肉を入れて表面が白くなるまで炒める。

材料 (2人分)

温かいご飯…200g
卵…4個
鶏もも肉(皮なし)…小1枚(200g)
マッシュルーム…6個(80g)
玉ねぎ…¼個(50g)
塩…適量
こしょう…適量
トマトケチャップ…適量
オリーブオイル…小さじ3
バター(食塩不使用)…20g

チキンライスを作る

3

玉ねぎを加えてしんなりするまで炒め、マッシュルームを加えて焦がさないように炒める。マッシュルームから出た水分が少なくなってきたらケチャップ大さじ2を加えて焼きつけるように炒める。バター10gを加えて混ぜ、ご飯を加えて炒め(**b**)、塩小さじ¼弱、こしょう少々で調味する。バットに取り出してラップをかける。

⇒ ケチャップは焼きつけることで、旨味が凝縮します。

a

b

卵を焼く

4

フライパンをきれいにし、オリーブオイル小さじ1を中火で熱し、ペーパータオルで側面にもなじませる。**1**の溶き卵の半量を一気に流し入れて全体に広げ、周囲がかたまってきたら火を止める。

c

仕上げ

5

3の半量を中央より少し奥に横長にのせる(**c**)。手前の卵焼きをチキンライスにかぶせる。フライパンの取っ手を逆手で持って45°くらい傾け、卵焼きの縁をフライパンから1㎝ほど出して器にのせ(**d**)、フライパンをひっくり返して器に盛る。ラップをかぶせて、手でオムレツの形に整える。ケチャップ適量を手前にのせ、好みでリーフサラダ(P54)を添える。同様にしてもう1個作る。

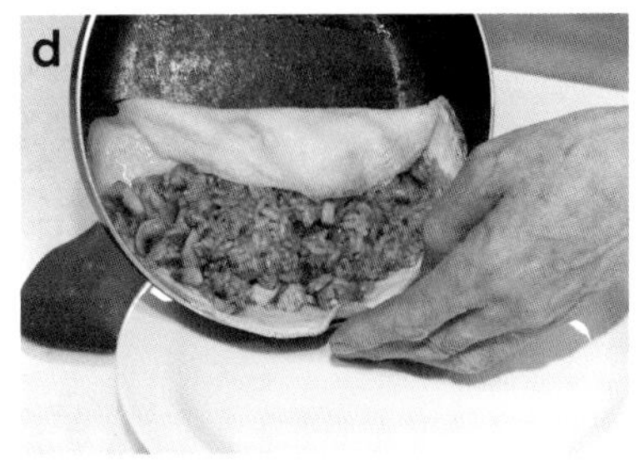
d

ナポリタン

生のトマト＋バターで旨味を増す！

ナポリタンは、昔懐かしい昭和を代表する日本独自の洋食の一つです。トマトケチャップをベースにしたシンプルな味つけのパスタですが、私が料理の世界に入った当時は、大変なごちそうでした。

実は料理とファッションは似ていましてね、例えばフランス人の若い女の子は、おばあちゃんの着ていた洋服の丈を詰めたり、襟の部分を少しお直しして、おしゃれな現代風の洋服にアレンジして着こなすのがとても上手です。料理もファッションと同様です。今の時代に合わせて、バージョンアップさせると、途端に料理が輝き出します。

ここでは昭和の懐かしいナポリタンを令和の時代にふさわしく、盛りつけや味つけにひと工夫して、よりおいしいレシピにしたものをご紹介します。

ポイントは具材をバターで炒め、生のトマトを加えること。ケチャップ味にバターのコク、フレッシュトマトの酸味や旨味がプラスされることで味に深みが出ます。

盛りつけは、スパゲッティを菜箸に巻きつけて横盛りにすれば、令和のナポリタンの完成。ぜひ味わってみてください。

トマト入りナポリタン

↑ ハム、玉ねぎ、ピーマンのほかに、生のトマトを加えることで、旨味と酸味がプラスされて、洗練された味になる。

材料（2人分）

スパゲッティ（1.9㎜）…160g
トマト…1個（180g）
ロースハム…3枚（60g）
玉ねぎ…¼個（50g）
ピーマン…1個
トマトケチャップ…大さじ2
粉チーズ…大さじ1
バター（食塩不使用）…20g
パセリのみじん切り…適量

作り方

下準備

1

トマトはへたを除き、上面に十文字に切り込みを入れる。熱湯に10秒入れて、氷水に取る。めくれた皮をとっかかりにして包丁を当てて皮をむき（a）、粗みじん切りにする。玉ねぎは縦薄切り、ピーマンは縦半分に切ってへたと種を除き、縦細切りにする。ハムは半分に切って細切りにする。

→ トマトの皮は、口に残るので、湯むきをして使います。

a

下準備

2

鍋に2ℓの湯を沸かして塩大さじ1(分量外)を加え、スパゲッティを袋の表示時間通りにゆではじめる(ソースができ上がるタイミングを見はからってゆではじめる)。

ソースを作る

3

フライパンにバターを中火で溶かし、玉ねぎを炒める。しんなりしたらハム、トマトを加えて炒め、トマトの水分を煮詰める(**b**)。ケチャップを加えて炒め、なじんだらピーマンを加えてさっと炒める。スパゲッティのゆで汁を玉じゃくし約1杯分加えて混ぜ、なじんだら粉チーズを加えて混ぜる(**c**)。

⇒ バターで炒めてコクをプラスします。生のトマトを加えることで、風味と旨味が増します。

仕上げ・盛りつけ

4

ゆで上がったスパゲッティの湯をきって加え、**3**のソースとよくからめて、火を止める。

5

スパゲッティの半量を菜箸にくるくると巻きつけ(**d**)、器の上で菜箸を引き抜いて横盛りにする。残りも同様に盛る。フライパンに残った具をスパゲッティにのせ、パセリを散らす。

⇒ 料理は五感で味わうもの。盛りつけを変えると、味わいも変わります。

牛ステーキ

焦げる直前まで焼く

私は輸入牛の赤身のリブロースのステーキを好んで食べます。理由は脂肪が少なく、しかも安価なので頻繁に食べられるからです。

ステーキを上手に焼けない方が多いようですが、その原因はフライパンにあります。フッ素樹脂加工のフライパンはもともと焦げないように開発されているので、焼き色をつけるのが難しいのです。さらに、大きいフライパンだと熱が分散されるので、小さ目のものがおすすめ。私は卵焼き器を使って焼いています。

おいしく焼くためのポイントは4つ。

〈その1〉牛肉は焼く30～60分前に室温に戻しておくこと。

〈その2〉フライパンを弱火から中火にと徐々に火を強めて、フライパンの中心部を十分に温めてから焼くこと。

〈その3〉油とバターを両方使うこと。

〈その4〉片面だけをこんがりと焼くこと。

では、焼き方を再現してみましょう。温めたフライパンに油を入れて回しているうちに少し煙が出ます。そこにバターを加え、泡が出たら牛肉を入れます。バターと牛肉のたんぱく質同士がぶつかっておいしい色に焼けます。裏返して同様に焼こうとすると、肉が薄いと焼きすぎてしまうので、もう片面はさっと焼いて完成です。

ペイザンヌ
→P53

リブロースステーキ

部位について

⬆ 輸入牛はどんな肉でも焼き方はほぼ同じ。脂が少なく、価格も手頃で使いやすい。リブロースは、肩ロースとサーロインの間の部位で、適度に脂がある。サーロイン（写真上）は、腰の上部のやわらかい肉で、脂の上質な旨味のある高級部位。ヒレ（写真下）は、サーロインの内側にある最もやわらかい部位。

材料（2人分）

牛ステーキ用肉（リブロース、1.5cm厚さのもの）…2枚（320g）
塩…小さじ½弱
こしょう…適量
油…大さじ1
バター（食塩不使用）…10g
ディジョンマスタード…適量

作り方

下準備

1

牛肉は焼く30〜60分前に冷蔵庫から出し、室温に戻す。両面に塩、こしょう少々をそれぞれふる。

焼く

2

1枚ずつ焼く。卵焼き器か小さめのフライパンに油大さじ½を入れ、最初は弱火にかけ、徐々に中火に温める。十分に温まったらバター5gを加え、泡立ってきたら(**a**)、牛肉1枚を入れる(**b**)。菜箸で牛肉を動かしながらこんがりとした焼き色がつくまで1分前後焼く(**c**)。

⇒ バターのたんぱく質が焦げることで、おいしい焼き色がつきます。ガスコンロの場合、フライパンは中心より縁のほうの温度が高いので熱が均一に通るように動かしながら焼きます。

3

焼き色を確認して裏返し(**d**)、レアは20秒、ミディアムは40秒焼き、取り出す。残りも同様に焼く。

⇒ 肉を返すのは1回のみ。裏面は好みの焼き加減に合わせて、焼き時間を調節します。

盛りつけ

4

器に盛り、ディジョンマスタードを添える。好みでペイザンヌ(P53)を添える。

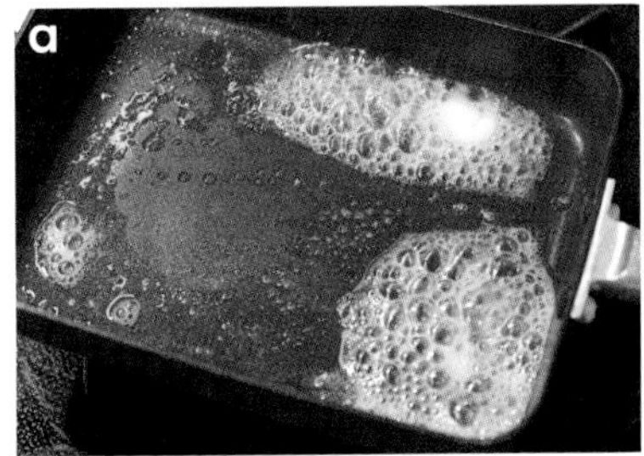
a

b

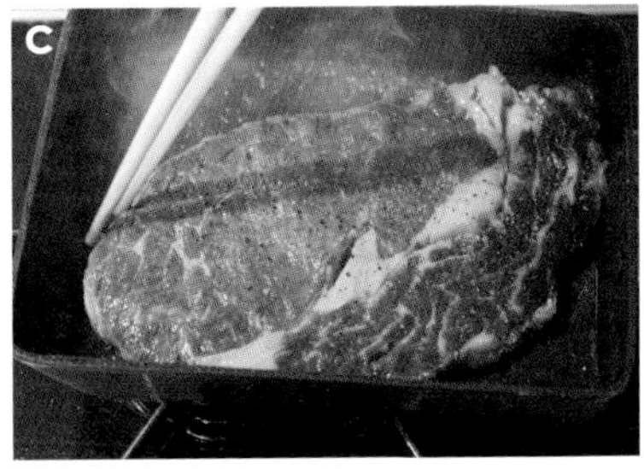
c

d

ヒレステーキ ディジョネーズソース

材料（2人分）

牛ステーキ用肉（ヒレ、3cm厚さのもの）
…2枚（280g）
塩…小さじ½弱
こしょう…適量
ディジョネーズソース
- 玉ねぎのみじん切り…¼個分（50g）
- パセリのみじん切り…1枝分
- 粒黒こしょう（潰したもの）…20粒
- 塩…小さじ¼弱
- 白ワイン（辛口）…80mℓ
- マヨネーズ…大さじ2
- 粒マスタード…小さじ½

油…大さじ1
バター（食塩不使用）…10g

作り方

下準備

1
牛肉は形がくずれないように、肉がはがれそうなところを楊枝で留める（P22写真下。たこ糸で巻いてもよい）。P23の**1**と同様に室温に戻し、塩、こしょうをふる。

焼く

2
P23の**2**、**3**と同様にして中火で１分45秒前後焼き、焼き色を確認して裏返し、１分前後焼く。トングではさんで肉を立てて、側面の全部を10秒ずつ焼き、取り出す。残りも同様に焼く。

⇒ ヒレ肉は厚みがあるので、側面もさっと焼きます。

ソースを作る

3
フライパンの汚れを軽く拭き、ディジョネーズソースの玉ねぎから白ワインまでの材料を入れて中火にかけ、水分がなくなるまで煮詰める。冷めたら、マヨネーズ、粒マスタードを加えて味をととのえる。

⇒ 白ワインは完全に蒸発させて、アルコール分を飛ばして風味を引き出します。

盛りつけ

4
2の牛肉を食べやすい大きさに切って器に盛り、こしょう少々をふる。**3**のディジョネーズソースをまわりに添え、好みでブロッコリーのピュレ（P52）、ドフィノワ（P78）を添える。

サーロインステーキ おろしポン酢

材料（2人分）

牛ステーキ用肉（サーロイン、1.5㎝厚さのもの）
…2枚（300g）
塩…小さじ½弱
こしょう…適量
しめじ…1パック（100g）
しょうゆ…小さじ¼
油…大さじ1⅔
バター（食塩不使用）…10g

おろしポン酢

大根おろし…100g
ポン酢しょうゆ…小さじ2

万能ねぎの小口切り…2本分

作り方

下準備

1

しめじは石づきを除き、細かくほぐす。牛肉は余分な脂身を除く（P22写真上）。P23の**1**と同様に室温に戻し、塩、こしょうをふる。

焼く

2

P23の**2**、**3**と同様にして、牛肉を中火で1分前後焼く。焼き色を確認して裏返し、30秒前後焼き、取り出す。残りも同様に焼く。

3

2のフライパンに油大さじ⅔を足して中火で熱し、しめじを広げて入れてこんがりと焼き、仕上げにしょうゆを加えて炒める。

⇒ しめじは広げてあまり動かさずに焼いて、水分を出さないようにします。

盛りつけ

4

2の牛肉を一口大に切り、器に盛り、**3**のしめじを添える。小さい器に大根おろしを盛り、ポン酢しょうゆをかけ、万能ねぎを散らして添える。

えびフライ

衣は薄く、まっすぐに揚げる

私が「シェ松尾」のオーナーシェフをしていた当時、三笠宮崇仁殿下より、「えびフライを作ってほしい」との依頼がありました。レストランの営業が終わってから朝方まで、副料理長と一緒にどうしたらおいしくできるかを考え、悩んだことを思い出します。

今思えば、そんなに悩まなくてもよいことでした。えびフライをおいしく作るには、鮮度のよいえびを使い、衣を薄くして、揚げたてを食べるのがいちばんおいしいのは当たり前のことでした。

えびは背ワタが残っていると臭みの原因になるのでていねいに除きます。塩と片栗粉をまぶしてから洗うと、プリプリの食感になりますよ。まっすぐに形よく仕上げるには、腹側に斜めに切り込みを入れるのがコツ。火の通りもよくなり、早く揚がります。パン粉は細かくして、余分な油の吸収を抑えます。油に入れたら、衣がかたまるまでは触らないこと。えびの水分が抜けて浮き上がり、大きな泡が小さくなったら、取り出しどきです。

えびフライに欠かせないのがタルタルソースです。ゆで卵はちょうどよいかたさにゆでたしっとり卵（P64）を使い、ざるでこして細かくすると、ピクルスやマヨネーズとなじみやすくなります。

サラダジュリエンヌ
→P55
タルタルソース
→P67

基本のえびフライ

↑ えびは、スーパーでも手に入れやすいブラックタイガーを使用。肉厚でプリプリとした歯ごたえがある。

材料（2人分）

えび（殻つき・無頭）…4尾（160g）

衣

- 小麦粉…適量
- 溶き卵…1個分
- パン粉…適量

タルタルソース（P67参照）…適量

揚げ油…適量

レモンのくし形切り…2切れ

作り方

下準備

1

えびは尾側を1節残して殻をむく。左右の尾の間にあるとがった剣先を切り落とす。尾先を斜めに切り落とし（**a**）、尾の中にある水けをしごき出す。背に切り込みを入れ、背ワタを除く。腹側の身に4カ所ほど斜めに深く切り込みを入れ（**b**）、背のほうに反らして軽く曲げる。塩ひとつまみと片栗粉適量（ともに分量外）をまぶし、水で洗い流し、水けを拭く。

⇒ 切り込みを入れることで、えびがまっすぐに揚がります。塩と片栗粉をまぶしてから洗うと、身がプリプリの食感になります。

2

衣のパン粉はポリ袋に入れ、めん棒を転がして、細かくする。

衣をつける・揚げる

3

1のえびに、小麦粉、溶き卵、パン粉の順に衣をつける（**c**）。フライパンに揚げ油を入れて170℃に熱し、えびを入れて衣がかたまるまでは触らずに揚げる。途中で上下を返し、泡が小さくなり、パン粉がきつね色になったら（**d**）、取り出して油をきる。

盛りつけ

4

器に好みでサラダジュリエンヌ（P55）を添えて、えびフライを盛る。タルタルソースを手前に盛り、レモンを添える。

a

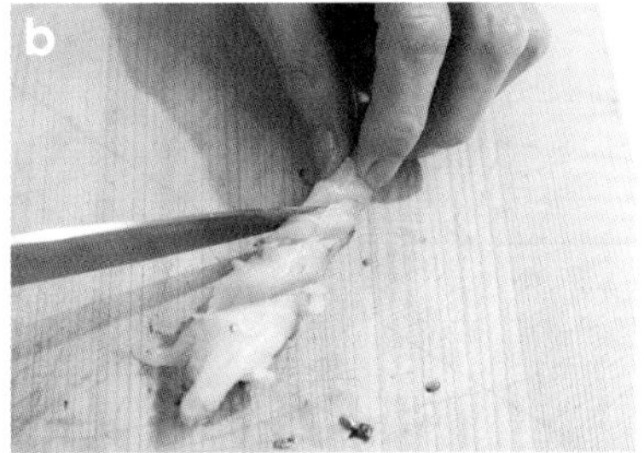
b

c

d

クリームコロッケ

バッター液をつけて破裂を防ぐ

クリーム系のコロッケは、手間がかかって難しいと思っている人が多いようですが、ひと工夫で、スーパーで売っているものより何倍もおいしくできます。

ここでご紹介するえびクリームコロッケのポイントは、えびの旨味をより強く感じるように、乾燥の桜えびを刻んで加えること。フライパンで香ばしく空炒りしたあと、ごく細かく刻んで使います。それだけで食べた瞬間、えびの風味が口から鼻に抜けて「おいしい!」と家族にほめられること間違いありません。

ホワイトソースも、バターと小麦粉を練り合わせた加熱しないルウ「ブール・マニエ」で作れば失敗もありません。

クリーム系のコロッケは、揚げたときに破裂することがあるので、冷やしたたねの空気を抜くように成形し、粘りのあるバッター液をつけて衣をはがれにくくします。

えびフライと同様に、パン粉を細かくすれば油の吸収も少なくてヘルシーです。表面はサクッ、中はふわっとした極上の味が手軽な材料で作れるので、ぜひお試しください。

リーフサラダ
→P54

えびクリームコロッケ

作り方

下準備

1

ブール・マニエを作る。バターをへらで練り、小麦粉をふるって加え、練り混ぜる。玉ねぎは粗みじん切りにする。フライパンで桜えびを弱火で焦げる寸前まで空炒りし(**a**)、みじん切りにする。むきえびは1㎝角に切る。

⇒ 桜えびは空炒りすることで、香ばしさが増します。

たねを作る

2

鍋にバターと玉ねぎ、水大さじ2弱を入れて弱めの中火で焦がさないように炒める。むきえび、牛乳を加えて混ぜ、**1**の桜えびも混ぜる。**1**のブール・マニエを数回に分けて加え、そのつど混ぜて濃度をつけ(**b**)、塩、こしょうで調味する。もったりとしたら、バットなどに取り出して冷まし(**c**)、ぴったりとラップをかけて冷蔵室で1時間冷やす。

材料(6個分)

むきえび…120g
桜えび(乾燥)…7g
玉ねぎ…½個(100g)
バター(食塩不使用)…15g
牛乳…1カップ
塩…小さじ¼弱
こしょう…少々
パン粉…適量

ブール・マニエ

バター(食塩不使用・室温に戻したもの)…30g
小麦粉…30g

バッター液

溶き卵…1個分
小麦粉…大さじ3
牛乳…大さじ2

揚げ油…適量

オーロラソース

マヨネーズ…大さじ2
トマトケチャップ…大さじ1

成形・衣をつける

3

2をボウルに移し、ゴムべらでよく混ぜる。手に油少々(分量外)を塗り、6等分し、空気を抜くように小判形に成形し(**d**)、バットなどに並べる。冷蔵室に10分おいてかためる。

4

バッター液を作る。溶き卵に小麦粉をふるって加えてよく混ぜ、牛乳を加えてさらに混ぜる。パン粉はポリ袋に入れ、上からめん棒を転がして細かくする。

5

3を**4**のバッター液にくぐらせて(**e**)、パン粉をつけ、軽くおさえて形を整える(この状態で1カ月冷凍保存可能。室温に30分おき、解凍してから揚げる)。

⇒ 粘りのあるバッター液をつけることで衣がはがれにくくなり、破裂するのを防ぐことができます。

揚げる

6

小さめのフライパンに揚げ油を2.5㎝深さに入れて170℃に熱し、**5**を半量入れる。途中で上下を返し、衣がきつね色になるまで3～4分揚げ、取り出す。残りも同様に揚げる。

仕上げ

7

マヨネーズとケチャップを混ぜてオーロラソースを作り、器に敷く。**6**を盛り、好みでリーフサラダ(P54)を添える。

a

b

c

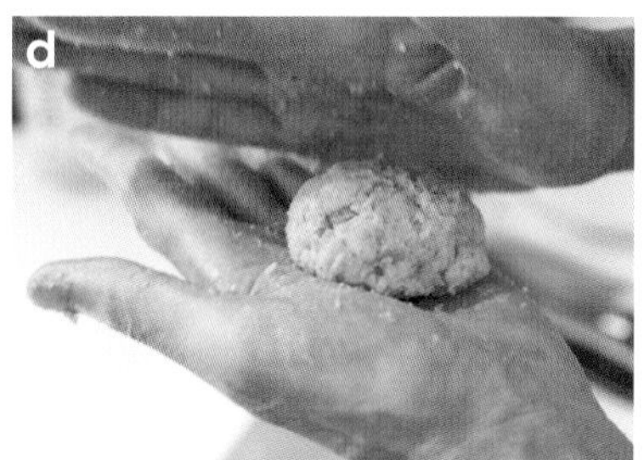
d

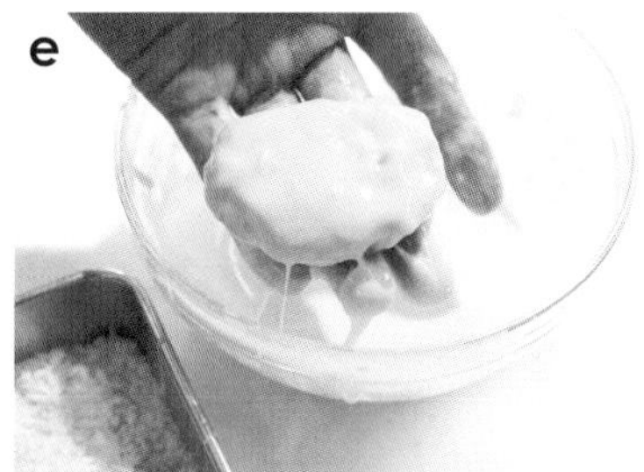
e

フリカッセ

焼き色をつけずに白く仕上げる

「フリカッセ」は、フランスの伝統的な料理で、〝白い煮込み〟という意味です。ですので、具を炒めたり焼いたりするときに、焼き色がつかないよう注意します。

鶏肉のフリカッセは、鶏肉、ホワイトマッシュルーム、生クリーム、白ワイン、それぞれの材料の持ち味が融合した風味豊かで官能的な鶏肉料理で、この味は化学調味料では出せない味です。レシピ通りに作れば、料理に自信がない人やいつも失敗して悩んでいる人もびっくりするくらいおいしくできますよ。

今回は玉ねぎやマッシュルームの存在感を味わうために大きめに切っています。そのため野菜の水分が溶け出してソースがサラサラになるので、最後にとろみをつけてください。ここでは片栗粉で作りましたが、あればコーンスターチ（とうもろこしのでんぷん）のほうが、冷めてもとろみが続きますのでおすすめです。

付け合わせは、現地ではバターライスのほかに、マッシュポテトやパスタを添えるのが一般的です。間違いなく一度食べたらクセになる罪な一品です。

鶏肉のフリカッセ

↑ 白く仕上げたい料理なので、ホワイトマッシュルームを使い、かたいものを選んで。

材料（2〜3人分）

鶏もも肉…2枚（600g）
ホワイトマッシュルーム…8〜10個（100g）
玉ねぎ…¼個（50g）
白ワイン…½カップ
生クリーム…½カップ
塩、白こしょう…各適量
レモン汁…小さじ1
水溶き片栗粉
　片栗粉…小さじ⅔
　水…小さじ⅔
オリーブオイル …大さじ1
バター（食塩不使用）…20g
イタリアンパセリのみじん切り…適量
バターライス
　米（洗わずに使う）…2合
　玉ねぎのみじん切り…¼個（50g）
　塩…小さじ½弱
　こしょう…少々
　オリーブオイル…20mℓ
　バター（食塩不使用）…10g

作り方

バターライスを作る

1
フライパンにオリーブオイルを中火で熱し、米を表面が白っぽくなるまでよく炒めてコーティングする。炊飯器に入れ、玉ねぎを加えて混ぜる。2合の目盛りまで水を注ぎ、塩、こしょうを加えて混ぜ、普通に炊く。

下準備

2

マッシュルームは6等分の縦薄切りに、玉ねぎは1㎝幅のくし形に切る。鶏肉は皮をはぎ取り、余分な脂と筋を除く(**a**)。1枚を5等分に切り、塩小さじ½弱、白こしょう少々をふる。

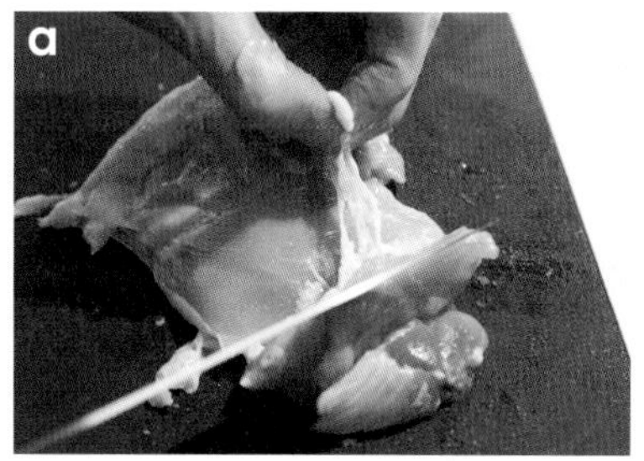

具を炒める

3

フライパンにオリーブオイルとバター10gを中火で熱し、鶏肉を焼き色をつけないように焼き(**b**)、表面が白くなったら肉汁ごといったん取り出す。バター10gを足して溶かし、玉ねぎ、マッシュルームを焦がさないように炒める。

⇒ 白く仕上げるために、焦がさないように炒めます。

煮る

4

3の鶏肉を肉汁ごと戻し入れ、白ワインを加えて強火で煮立てる。水250mℓを加え、中火で7～8分煮る(**c**)。生クリームを加えて(**d**)5分煮て、塩小さじ1弱、白こしょう少々を加えて混ぜ、レモン汁で調味する。水溶き片栗粉を加えて煮立て、とろみをつける。

⇒ 仕上げにレモン汁を加えて味を引き締めます。

盛りつけ

5

1のご飯が炊き上がったらバターを加えて混ぜる。**4**とともに器に盛り、イタリアンパセリを散らす。

ムニエル

バターをかけながら焼いて風味をつける

ムニエルは、魚に小麦粉をまぶし、たっぷりのバターで焼く調理法です。白身魚が向き、鯛のほかにすずきや舌平目もおすすめです。

この料理は単純そうですが、魚の調理法の基本が詰まっています。ポイントは火の入れ方にあります。初めに弱めの中火で表面を焼いたら、バターを焦がさないように弱火にし、バターを魚に何度もかけながらじっくりと火を入れてバターの風味を浸透させます。

フランスでは、ムニエルの付け合わせは、大抵ゆでたじゃがいもと決まっています。というのも、レモンを加えたバターソースをじゃがいもにからめて食べるのは最高の組み合わせだからです。

私がフランスにいた頃は、じゃがいもが煮くずれないように、ゆでたら湯を半分捨てて水を加え、余熱で火が入らないようにし、盛りつけるときに、再度温めていました。おいしく食べるための知恵ですが、今ではこういうことをやっている料理人は少ないかもしれません。家庭なら、電子レンジを使ってじゃがいもを加熱してもいいですね。

ムニエルと名前のついた料理は、必ず小麦粉をまぶします。というのも、ムニエルは、フランス語のムニエ（粉屋）の女性形。〝粉屋のおかみさん風〟という名前の料理だからです。

ブロッコリーの
ピュレ
→P52

白身魚のムニエル

材料（2人分）

鯛（刺身用）…1さく（170g）
塩…小さじ¼弱
こしょう…少々
小麦粉…大さじ1
オリーブオイル…大さじ1
バター（食塩不使用）…40g
パセリのみじん切り…1枝分
レモン汁…大さじ1
じゃがいも…2個

作り方

下準備

1

付け合わせのじゃがいもは四つ割りにし、面取りをする。鍋に水とともに入れて中火にかけ、煮立ってから7分ゆでる。湯の半量を捨てて水を足す。

2

鯛は縦に半分に切り（a）、塩、こしょうをふり、小麦粉をまぶす。

a

焼く

3
フライパンにオリーブオイルを弱めの中火で熱し、バターを加えて焦がさないように温め、泡立ったところに**2**の鯛を入れて弱火にする。スプーンでバターをかけながらじっくりと焼く(**b**)。６分焼いたら裏返し、同様にしてこんがりするまで焼く(**c**)。

⇒ バターは常に小さな泡が出ている状態で、焦がさないようにします。バターをかけながら焼くことで、バターの香りが魚に浸透します。

4
鯛に火が入ったら、パセリをふり(**d**)、レモン汁を加える。

盛りつけ

5
鯛を器に盛り、**1**のじゃがいもを温め直して添える。フライパンに残ったソースをかけ、好みでブロッコリーのピュレ(P52)を添える。

b

c

d

食べるときには……
じゃがいもを潰して、ソースをからめて食べるのがおいしい！

ミネストローネ

旬の野菜をたくさん入れる

ミネストローネは、世界中で愛されているスープで、日本ではトマトの赤色の強いスープをイメージされる方が多いようです。ですが、トマトはあくまでも具材の一つで、マストではありません。スープには具の野菜の自然の色が出るのが正解です。

このスープは、たっぷりの野菜に豆、パスタや米、そしてパンチェッタやベーコンなどのたんぱく質を組み合わせるのが特徴です。レシピで紹介した野菜以外にも、冷蔵庫に残った野菜や旬の野菜を活用してください。ただし、なすとしいたけはスープの色が悪くなるので、避けてくださいね。私はパスタ（ここではマカロニ）の代わりに十五穀米を入れることもあります。

野菜を細かく切るのは大変という人は、大きく切っても煮込むうちにやわらかくなるので、神経質にならなくても大丈夫です。多めの量を作りおくと便利なスープです。

寒い冬には温かい具だくさんのスープとして、夏には冷やして冷たいスープとして楽しむこともできます。何といっても、野菜がたくさん食べられて、栄養価が高いですから、体が喜びますよ。

野菜たっぷりミネストローネ

↑ 野菜は玉ねぎ、にんじん、セロリを基本とし、あとは旬の野菜を組み合わせるとよい。ここで使った野菜以外に、ズッキーニ、かぶ、じゃがいも、かぼちゃ、スナップえんどうなどもおすすめ。

材料（4人分）

キャベツ…100g
玉ねぎ…¼個（50g）
にんじん…30g
セロリ…30g
さやいんげん…50g
トマト…1個
にんにく…1片
ベーコン…4枚（80g）
ひよこ豆（水煮）…80g
ショートパスタ（マカロニ）…30g
チキンブイヨン
　洋風スープの素（顆粒）…大さじ1½
　水…4カップ
オリーブオイル…大さじ2
塩…小さじ½弱
こしょう…少々
EVオリーブオイル…適量
粉チーズ…適量
イタリアンパセリの粗みじん切り
　…少々

作り方

下準備

1
キャベツ、玉ねぎ、にんじん、セロリは1cm角に切り、いんげんは1cm長さに切る。トマトは皮を湯むきし(P18の1参照)、横半分に切って種を除き、粗みじん切りにする。にんにくは潰して芽を除く。ベーコンは1cm四方に切る。

炒める

2
鍋にオリーブオイル、にんにく、ベーコンを入れて弱めの中火にかける。ベーコンの脂が出て(a)、にんにくの香りが立つまで炒める。

3
トマト以外の野菜を加え、しんなりするまで炒める。トマト、ひよこ豆、パスタを加えて(b)、炒め合わせる。

⇒ パスタは下ゆでせずに直接入れてよいので、1つの鍋で作れます。

煮る・盛りつけ

4
チキンブイヨンを加え(c)、煮立ててアクを除く。ふたを少しずらしてのせ、弱火で15分煮て、塩、こしょうで調味する。器に盛り、EVオリーブオイル、粉チーズ、イタリアンパセリを散らす。

a

b

c

チキンカレー

市販のルウを使わずに、カレー粉で作る

インドのケララ州の伝統的なチキンカレーを作りましょう。現地ではたくさんのスパイスを使いますが、日本の市販のカレー粉にも何種類ものスパイスがミックスされているので、カレー粉で作れるようにアレンジしました。パンチを効かせるために、ガラムマサラを加えましたが、カレー粉だけでもおいしくできます。

ポイントはカレー粉の黄色い色を保ちたいので、食材を焦がさないこと。鶏肉は表面が白くなる程度に炒め、香味野菜の玉ねぎ、しょうが、にんにくは透き通るまでやさしく炒めてください。そこに、カレー粉とガラムマサラを加えて、香りを引き出すようによく炒めます。ミニトマトと水を加えて煮込めば、香り高いカレーが仕上がります。煮込むと言っても長時間煮込むと鶏肉が煮くずれるので、15分ほど煮れば十分です。

鶏肉から出てくる旨味と、クリーミーなココナッツミルクのコクのある味のバランスが最高。ご飯にもパンにも合うクセになるカレーです。ナンの作り方も１４５ページで紹介しているので、ぜひ手作りのナンと一緒に召し上がってみてください。

ナン
→P145

ケララ風チキンカレー

🅐 ガラムマサラ（左）は、インド料理に使われるミックススパイス。コリアンダー、クミン、シナモンなどが入り、スパイスの配合に決まりはないが、カレー粉(右)との大きな違いは、色づけのスパイス・ターメリックを含まないこと。

材料（4人分）

鶏もも肉…2枚（600g）
ミニトマト…12個
玉ねぎ…¾個（150g）
しょうが…5g
にんにく…1片
塩…適量
カレー粉…大さじ1
ガラムマサラ…小さじ1
ココナッツミルク…140㎖
油…大さじ3
パクチー…適量

作り方

下準備

1
ミニトマトは皮を湯むきする(P18の1参照)。玉ねぎ、しょうが、にんにくはみじん切りにする。鶏肉は皮をはぎ取り、大きめの一口大に切り、塩ひとつまみをふる。

炒める

2
フライパンに油大さじ1½を中火で熱し、1の鶏肉を表面が白くなるまでさっと炒め(a)、煮込み用の鍋に移す。

3
2のフライパンに油大さじ1½を足し、1の玉ねぎ、しょうが、にんにくを入れてしんなりするまで炒める。カレー粉、ガラムマサラを加えて(b)2～3分炒める(c)。火を止めて、2の鍋に加える。

⇒ スパイスはよく炒めて香りを引き出します。

煮る・盛りつけ

4
3の鍋に水¾カップを加えて中火にかけ、煮立ったらアクを除く。1のミニトマトを加え、弱火にして15分煮る。

5
ココナッツミルクを加えて(d)、煮立ったら、塩小さじ½を加えて調味する。器に盛り、パクチーを添え、好みでナン(P145)やご飯を添える。

野菜の付け合わせ

調理の仕方で野菜のおいしさが変わる

料理の味わいや彩りをよくするために添える付け合わせは、フランス料理では〝ガルニチュール〟と呼ばれます。2〜3日保存でき、もう1品ほしいときの副菜にも役立つので、覚えておくと便利です。

「ズッキーニのフォンダン」（P51）のフォンダンは〝溶かす〟という意味で、イメージは溶けるように煮る、くたくた煮です。

「ブロッコリーのピュレ」（P52）は、やわらかくゆでて潰したブロッコリーにアンチョビーとにんにくの風味をつけます。パンにのせてタルティーヌのように食べてもいいでしょう。

「ペイザンヌ」（P53）は〝田舎風〟という意味で、1㎝角の角切りの呼び名でもあります。野菜に7割がた火が通ったら、ふたをして余熱を利用して火を通すのが松尾流です。

「リーフサラダ」（P54）の葉野菜は手でちぎります。

「サラダジュリエンヌ」（P55）は、せん切りキャベツに少しだけほかの野菜を加えると、目でもおいしく味わえます。

サラダのドレッシングは食べる直前にかけるのが鉄則です。冷やしたボウルに野菜を入れて、ドレッシングはボウルの縁から回し入れ、手でふんわりと混ぜると均一に行き渡ります。ボウルの底にドレッシングが残らないのが理想的です。

ズッキーニのフォンダン

粉チーズとパン粉に野菜の水分を吸わせて

材料（作りやすい分量）

ズッキーニ…1本（200g）
玉ねぎ…¼個（50g）
パン粉…5g
塩…小さじ¼弱
こしょう…少々
オリーブオイル…大さじ2
粉チーズ…大さじ1

作り方

1
ズッキーニは縦半分に切り、横2～3㎜幅に切る。玉ねぎは縦半分に切り、横2～3㎜幅に切る。

2
フライパンにオリーブオイル大さじ1を中火で熱し、玉ねぎを炒める。透き通ってきたらズッキーニを加えて炒める。しんなりしてきたら水60㎖を加え、弱火で混ぜながら10分煮る。

3
ズッキーニがやわらかくなったら、木べらで潰すように煮る。くたくたになったら、パン粉を加えて汁けを吸わせる。オリーブオイル大さじ1を加えてなじませ、塩、こしょうで調味する。火を止めて、粉チーズを混ぜる。

ブロッコリーのピュレ

アンチョビーとにんにくの風味がなじんだ

材料（作りやすい分量）

ブロッコリー…1個（350g）
にんにく…1片
アンチョビー（フィレ）…3枚
アンチョビーを漬けたオイル
（またはEVオリーブオイル）…小さじ½
塩…小さじ1

作り方

1
ブロッコリーは小房に分け、にんにくは半分に切る。

2
鍋に水160mℓとにんにくを入れて中火にかけて沸かし、分量の塩とブロッコリーを加え、ブロッコリーがやわらかくなるまで9分ゆでる。ざるに上げて湯をきる。

3
ボウルに**2**のブロッコリーとにんにくを入れ、アンチョビーとオイルを加え、ハンドブレンダー（またはフードプロセッサー）でなめらかになるまで攪拌する。

ペイザンヌ

余熱で火を通して旨味を引き出す

材料（作りやすい分量）

じゃがいも…2個（240g）
にんじん…小1本（90g）
玉ねぎ…½個（100g）
さやいんげん…6本
オリーブオイル…大さじ1
バター（食塩不使用）…10g
塩…小さじ½弱
こしょう…少々
イタリアンパセリの粗みじん切り…少々

作り方

1
じゃがいもとにんじんは、1㎝角に切る。玉ねぎは1㎝四方に切る。

2
フライパンにオリーブオイルを中火で熱し、バターを加えて溶かして**1**を入れ、弱火で時々混ぜながら15分焼く。その間にいんげんを熱湯で2分ほどかためにゆで、冷水にとり、1㎝長さに切る。

3
いんげんを加え、塩、こしょうで調味する。火を止めてふたをし、余熱でさらに火を通す。仕上げにイタリアンパセリを散らす。

リーフサラダ／フレンチドレッシング

手でちぎり、ふんわり混ぜて／オイルとビネガーの割合は5対1を基本に

リーフサラダ

材料（4人分）

リーフレタス…4～6枚
紫キャベツ（またはキャベツ）…4枚
紫玉ねぎ（または玉ねぎ）…60g
ラディッシュ…6個
フレンチドレッシング（下記参照）…大さじ1～2

作り方

1
リーフレタス、紫キャベツは一口大にちぎる。紫玉ねぎは縦薄切り、ラディッシュは薄い輪切りにする。

2
ボウルに**1**を入れてふんわりと混ぜ、ラップをかけて冷蔵室で冷やす。食べる直前にドレッシングをかけてよくあえる。

＊野菜の保存法はP114参照。

フレンチドレッシング

材料（作りやすい分量）**・作り方**

ボウルに塩小さじ⅓と白ワインビネガー大さじ1を入れて泡立て器で混ぜ、塩を溶かす。ディジョンマスタード小さじ1、こしょう少々を加えて混ぜ、EVオリーブオイル大さじ5を少しずつ加えてよく混ぜ、乳化させる。

＊保存容器や空き瓶などに移し、野菜室で1カ月間保存可能。

ジュリエンヌはせん切りのこと。できるだけ細く切って

サラダジュリエンヌ

／

ドライハーブで香りよく

おろし玉ねぎドレッシング

サラダジュリエンヌ

材料（4人分）

キャベツ…½個（450g）
紫キャベツ…1〜2枚
青じそ…2枚
ブロッコリースプラウト
　…1パック
玉ねぎドレッシング（下記参照）
　…大さじ2〜3

＊野菜はほかに、にんじん、きゅうり、セロリ、みょうがなどでもおいしい。

作り方

1
キャベツは葉をはがし、せん切りにする。紫キャベツ、青じそもせん切りにする。ブロッコリースプラウトは根元を切り落とす。

2
ボウルに**1**を入れて混ぜ、ラップをかけて冷蔵室で冷やす。食べる直前にドレッシングをかけてあえる。

＊野菜の保存法はP114参照。

おろし玉ねぎドレッシング

材料（作りやすい分量）**・作り方**

ボウルに塩小さじ⅓と白ワインビネガー大さじ1を入れて泡立て器で混ぜ、塩を溶かす。玉ねぎのすりおろし大さじ1、ドライミックスハーブ（P128参照）小さじ1、タバスコ少々を加えて混ぜ、EVオリーブオイル大さじ5を少しずつ混ぜて、乳化させる。

＊保存容器や空き瓶などに移し、野菜室で1週間保存可能。

2章

卵とじゃがいもを使いこなす

卵とじゃがいもはどこのご家庭でも
常備している食材だと思います。
どちらもゆでるだけで、いろいろな料理に応用できるので、
使いこなせるようになれば
料理のレパートリーがぐっと増えます。
オムレツやポテトサラダなども、シンプルな料理だからこそ、
コツを覚えておくと、でき上がりに差が出ます。
スクランブルエッグは炒めるのではなく、
湯煎で火を通すのがプロの技。
でき上がりのなめらかさは、まさにクリームのよう。
じゃがいものグラタン「ドフィノワ」は、
フランス人が大好きなお総菜で、
私も三つ星レストランで修業時代に何回も作った料理です。

スクランブルエッグ

炒めずに湯煎で火を通す

卵は火の入り方が早いので、プロでも火の入れ方に気を遣う食材です。特にスクランブルエッグはフライパンで作ると、ちょっと目を離している間にボソボソになってしまいます。そこで私は、湯煎でじっくりと加熱していく方法で作っています。さらに余熱でも火が入ることを計算してかたまる寸前に盛りつけます。そうすれば、食べるときにとろとろの状態のスクランブルエッグを味わうことができるのです。

私が昔、天皇陛下にお作りしたことのあるスペシャリテに「キャビアのサバイヨン」があります。サバイヨンは、卵黄を使って作るムース状のクリームですが、これも同じように湯煎にかけて加熱して、なめらかなムース状に仕上げる料理で、テクニックとしてはスクランブルエッグと同じです。

スクランブルエッグをトーストしたパンにのせて、生ハムや炒めたベーコン、ソーセージなどと一緒に食べるとおいしいですよ。これにさっぱりとした野菜サラダを添えれば最高の朝食になります。

朝食こそおいしいものをしっかり食べて、幸せを感じながら一日をスタートさせてくださいね。

スクランブルエッグのタルティーヌ

材料（2人分）

卵…4個
牛乳…大さじ1
塩…小さじ½弱
白こしょう…少々
ミニトマト…2個
パン（カンパーニュなど）…2枚
バター（食塩不使用）…適量
生ハム…2枚
こしょう…少々

作り方

下準備

1

耐熱のボウルに卵を溶き、牛乳、塩、白こしょうを加えて泡立て器でよく混ぜる。ミニトマトは食べやすく切る。パンはオーブントースターで焼き、バターを塗る。

湯煎にかける

2

1のボウルより少し大きめの鍋に湯を沸かす。弱火にして湯の温度を85℃くらいに保ち、**1のボウルを湯煎にかけ、泡立て器で混ぜながらゆっくりと火を通す(a)**。

⇒ フライパンで直接加熱すると火が入りすぎてかたくなってしまう場合が多いですが、湯煎で加熱すると、その失敗がありません。

盛りつけ

3

卵液がかたまりはじめたら(b)、湯煎からはずし、1のパンの上に盛る。生ハムをちぎってのせ、1のミニトマトものせ、こしょうをふる。好みでベビーリーフを添える。

⇒ 混ぜたときに卵の重みを感じるようになったら湯煎からはずします。

a

b

ゆで卵

ゆで時間で味も口当たりも変わる

ゆで卵は、ゆでたときの黄身のかたさに応じたアレンジ料理を覚えておくと役立ちます。かたさの具合は、沸騰した湯の中に冷蔵庫から出したての卵を入れてからのゆで時間で決まります。**「半熟卵」**は7分、ちょうどよいかたさの**「しっとり卵」**は9分、**「固ゆで卵」**は12分が目安です。ホテルの朝食メニューでは、半熟卵については分刻みのメニューもあるほどです。

ねっとりとした黄身の「半熟卵」は、野菜と合わせてサラダにしてもおいしく、さらに消化もよく、栄養の吸収もよいのが利点です。黄身がちょうどよいかたさの「しっとり卵」は、タルタルソースのようなマヨネーズ系のソースに。細かく刻んで加えても黄身が流れ出さないので、ととのった味のソースを作ることができます。

黄身がホロホロとした「固ゆで卵」は、黄身と白身を分けて使うことができます。フランス人が大好きな「卵のミモザ」は、黄身だけをピュレ状に潰し、旨味のあるアンチョビーペーストとマヨネーズを混ぜて白身の中に詰めます。フランスで働いていた若かりし頃に、まかないで何度となく食べた思い出の料理です。

半熟卵
7分ゆで
しっとり卵
9分ゆで
固ゆで卵
12分ゆで

基本のゆで卵

作り方

1

鍋に卵がかぶるくらいの湯を沸かし、沸騰したら、冷蔵庫から出したての卵を、とがっていないほうの丸い部分を台にコツンと当てて殻にひびを入れ(**a**)、網じゃくしなどで静かに入れる(**b**)。

⇒ ひびを入れることで、すき間に水が入り、殻がむきやすくなります。

2

鍋に湯を沸かし、半熟卵は７分、しっとり卵は９分、固ゆで卵は12分ゆでる。冷水にとって冷まし、殻をむく。

材料(作りやすい分量)

卵…６個

a

b

ゆで卵の応用 ①

卵のミモザ

材料（2人分）

ゆで卵（12分ゆで、P64）…2個
アンチョビーペースト…2g
マヨネーズ…大さじ1½
パセリ…少々

作り方

下準備・混ぜる

1

ゆで卵は縦半分に切り、黄身を取り出し、目の細かいざるでこす。マヨネーズとアンチョビーペーストを加えて混ぜる。

⇒ アンチョビーペーストを入れるので、塩は不要です。

仕上げ

2

絞り袋に星形の口金をつけて1の黄身ソースを詰め、白身に絞り出して詰める（a）。器に好みでサラダジュリエンヌ（P55）を敷いて盛り、パセリを飾る。

ゆで卵の応用②

半熟卵とアボカドのサラダ

材料（2人分）

ゆで卵（7分ゆで、P64）…2個
ブロッコリー…1/3個
ミニトマト…6個
アボカド…1/2個
レモン汁…少々
岩塩、粒黒こしょう…各少々
おろし玉ねぎドレッシング（P55）
…大さじ2

作り方

下準備

1

ブロッコリーは小房に分け、塩少々（分量外）を加えた熱湯で2～3分ゆで、ざるに上げて冷ます。ミニトマトは皮を湯むきし（P18の1参照）、縦半分に切る。

2

アボカドは皮をむいて種を除き、レモン汁をかけ、3㎜幅に切る。ゆで卵は4等分のくし形に切る。

⇒ アボカドは空気に触れると変色するので、レモン汁をかけて変色を防ぎます。

盛りつけ

3

器に**1**と**2**を彩りよく並べる。ゆで卵に岩塩と粒黒こしょうを潰してふり、全体におろし玉ねぎドレッシングをかける。

ゆで卵の応用 ③

アスパラガスのタルタルソース添え

作り方

下準備

1

アスパラガスは根元のかたい皮をピーラーでむき、穂先から7〜8㎝のところで切り分ける。鍋に湯を沸かして塩少々(分量外)を加え、アスパラガスの茎を入れ、1分ゆでたら、穂先を加えてさらに1分ゆでる。冷水に取り、水けをきり、冷蔵室で冷やす。

タルタルソースを作る

2

ゆで卵は目の細かいざるでこす。ボウルにタルタルソースの材料をすべて入れ(**a**)、混ぜ合わせる。

⇒ 細かくこすことで、ほかの材料とのなじみがよくなります。

盛りつけ

3

1のアスパラガスの茎は斜め細切りにし、器の中央に盛る。上に穂先を三角形に盛る。まわりに**2**のタルタルソースを等分にバランスよく添える。

材料(2人分)

グリーンアスパラガス…6本

タルタルソース

ゆで卵(9分ゆで、P64)…1個
マヨネーズ…大さじ3
玉ねぎの粗みじん切り…1/4個分(50g)
ピクルスの粗みじん切り…小2本分(16g)
パセリの粗みじん切り…1枝分
レモン汁…小さじ1
塩…小さじ1/4弱
白こしょう…少々

a

オムレツ

温度、火の入れ方、フライパン使いが決め手

形のよいオムレツを作るには、フライパンを扱うテクニックが必要です。ここにあげる3つのポイントに気をつければ、だれでも上手に焼くことができます。

1つめは温度です。卵液を流し入れたときに、ジューッという音がするまでフライパンを熱しておくこと。

2つめは火の入れ方。卵液を一気に流し入れたら5〜6回大きく混ぜ、5秒ほど動かさないこと。

3つめは成形。フライパンの手前を上げて卵を菜箸で奥に寄せてオムレツの形に整え、そのままフライパンをひっくり返して器に盛ります。

文字で説明すると難しく感じますが、コツをつかめば自然とできるようになります。あとは数をこなすことですね。

ここで紹介した明太子オムレツの明太子は、魚卵ですから多少生臭みがあるので、青ねぎを小口切りにして卵に加えています。また明太子に塩けがあるので、塩は加えません。パンだけでなく、ご飯にも合うオムレツです。

明太子オムレツ

材料（1人分）

卵（室温に戻したもの）…2個
辛子明太子…½腹（30g）
万能ねぎ…1〜2本
油…小さじ½
バター（食塩不使用）…5g

付け合わせ

トマト…横½個（50g）
紫玉ねぎのみじん切り…大さじ1
パセリのみじん切り…大さじ1
EVオリーブオイル、塩…各適量

フライパンのこと

オムレツに適しているのはフッ素樹脂加工のフライパンです。1人分ずつ作るので、直径20㎝の小さいサイズのものが向いています。

作り方

下準備

1

万能ねぎは小口切りにする。付け合わせのトマトは薄い輪切りにする。明太子は薄皮を除き、縦半分に切る。ボウルに卵を溶きほぐし、万能ねぎを加えて混ぜる(**a**)。

a

焼く

2

フライパンに油を中火で熱し、バターを入れて溶かし、**1**の卵液を一気に流し入れる。菜箸で全体を大きく5〜6回混ぜたら5秒おき、卵がとろとろの半熟状になったら(**b**)、明太子を中央にのせる(**c**)。

⇒ 火を通しすぎないように、半熟状になるタイミングを覚えましょう。

b

c

3

フライパンの手前を持ち上げて、卵を手早く菜箸で奥に寄せ(**d**)、オムレツの形に整え、火を止める。

盛りつけ

4

フライパンの柄を逆手で持ち、ひっくり返すようにしてオムレツを器に盛る。**1**のトマトをオムレツの奥に少しずつずらして盛り、紫玉ねぎとパセリを散らす。EVオリーブオイルと塩をふる。

d

エクラゼ／ポテトサラダ

フランス流に丸ごとゆでて潰す

エクラゼは、フランス語で「潰す」という意味です。じゃがいもを丸ごとゆでるか蒸して火を通し、フォークなどで粗く潰し、バターで食べるとおいしいですよね。イタリアではオリーブオイル、フランスはバターを使いますが、おいしい食べ方は世界共通ですね。

今回ご紹介するのは、私がフランスでの修業時代にまかないでよく食べていたレシピですが、じゃがいもを蒸す作業は電子レンジを使って、簡単にしています。旨味や塩けのあるアンチョビーとオリーブを使いますが、ほかにも明太子、ツナ缶、ベーコン、チーズ、にんにくなど、お好みの具材を加えてオリジナルのエクラゼを楽しんでください。

じゃがいもをマヨネーズであえたポテトサラダは、お総菜の代表格です。味つけはそれぞれですが、マスタードなどの調味料やレモン汁、にんにくなどを使うときは、マヨネーズに混ぜてソースを作ってから具材を混ぜると、味が均一になじみます。

きゅうりや玉ねぎなど、水分の多い野菜を加えるときは、あとから水けが出ないように塩をふり、水けをしっかり絞っておきます。玉ねぎの外側は辛みが強いので、なるべく芯に近い白い部分を使うと辛みが軽減されて食べやすくなります。

じゃがいものエクラゼ

作り方

下準備

1
じゃがいもはよく洗い、皮つきのままペーパータオルに包んで水にくぐらせ、さらにラップで包む(a)。電子レンジで4分加熱し、上下を返してさらに4分加熱する。

2
アンチョビーはみじん切りにし、オリーブは粗みじん切りにする。

潰す・仕上げ

3
1のじゃがいもが熱いうちにふきんなどを使って皮をむき、ボウルに入れてフォークなどで粗く潰す。

⇒ 熱いうちが潰しやすく、味もなじみやすくなります。

4
2、こしょう、EVオリーブオイルを加えてよく混ぜ、パセリを加えてさっと混ぜる。器にサニーレタスを敷いて盛る。

材料（2人分）

じゃがいも（メークイン）…2個（240g）
アンチョビー（フィレ）…2枚
オリーブ（緑・種抜き）…6個
こしょう…少々
EVオリーブオイル…大さじ1
パセリのみじん切り…大さじ1½
サニーレタス…適量

a

基本のポテトサラダ

作り方

下準備

1

じゃがいもはよく洗い、皮つきのままペーパータオルに包んで水にくぐらせ、ラップで包む（P74**a**）。電子レンジで4分加熱し、上下を返してさらに4分加熱する。粗熱が取れたら皮をむき、5㎜幅に切る。

2

きゅうりは斜め薄切りにし、塩少々（分量外）をふってしばらくおき、ふきんに包んで水けを絞る。玉ねぎは縦薄切りにする。ゆで卵は半分に切って粗く刻む。

⇒ あとから水けが出ないように、水けをしっかり絞ります。

仕上げ

3

ボウルにマヨネーズ、レモン汁、マスタードを混ぜ、**1**のじゃがいも、塩、こしょうを加えて混ぜる。**2**を加えて軽く混ぜる（**a**）。

材料（2人分）

じゃがいも（だんしゃく）…2個（300g）
ゆで卵（9分ゆで、P64）…2個
きゅうり…1本
玉ねぎ…¼個（50g）
マヨネーズ…50g
レモン汁…小さじ1
ディジョンマスタード…小さじ½
塩…小さじ½弱
こしょう…少々

a

グラタン

電子レンジで先にじゃがいもを加熱する

フランスで最も親しまれているのは、フランスのドフィネ地方のじゃがいものグラタン「ドフィノワ」です。この料理は、フランスの三つ星レストランでも肉や魚料理の付け合わせに登場するほど定番です。フランスのロアンヌにあるトロワグロで修業していた当時、私がドフィノワを担当して作っていたこともありました。もちろんメイン料理として食べてもよく、ハムやベーコンなどの具を加えてアレンジを楽しむこともできます。

じゃがいもは電子レンジで7割がた加熱しておきます。鍋に入れて牛乳と生クリーム、にんにくを加えて火が通るまで弱火で煮ます。初めは液体の量が多く感じますが、煮ていくとじゃがいものでんぷんで濃度が出てちょうどよくなるので安心してください。

この料理にはナツメグを使います。初めて食べたときはこの香りが少し苦手でしたが、食べ慣れるうちに今度はナツメグが入らないと味に間が抜けて物足りなくなります。また、じゃがいもは加熱してしばらくすると、でんぷんが分解されたにおいが出てくるので、ナツメグはそれを消す役も担(にな)っています。スパイスは不思議な力を持っているんですね。そういうことを知ると、さらに料理が楽しくなりますよ。

ドフィノワ

材料（2～3人分）

じゃがいも…4～5個（500g）
牛乳…¾カップ
生クリーム…¾カップ
にんにくの薄切り…½片分
ナツメグ…小さじ¼
塩…小さじ½弱
白こしょう…少々
ピザ用チーズ…40g

作り方

下準備

1

じゃがいもは皮をむき、5～6㎜厚さの半月切りにする(洗わない)。耐熱ボウルに入れてラップをかけ、電子レンジで4分加熱して、7割がた火を通す(**a**)。

a

煮る

2

1を厚手の鍋に移し、牛乳、生クリーム、にんにく、ナツメグを加えて(**b**)、中火にかける。煮立ったら塩、白こしょうで調味する。ふたをして弱火でじゃがいもに火が通るまで、時々混ぜながら10分煮る(**c**)。

⇒ 煮ているうちにじゃがいものでんぷんで濃度がつきます。

b

c

焼く

3

2が熱いうちに耐熱の器に入れてゴムべらなどで平らにし、ピザ用チーズを散らす。予熱したオーブントースターに入れ(**d**)、焼き色がつくまで5分焼く。

d

ポタージュ

冷凍の豆を使えば季節を問わず食べられる

フランスのサンジェルマン地方で、新鮮なグリーンピースが出まわる春や初夏に食べられているのが豆のポタージュです。旬の時季は限られていますが、便利な冷凍食材を使えば、ゆでる手間もいらず、手軽においしいスープがいつでも作れます。

このポタージュは、豆の自然な甘さと明るい色合いが特徴で、さわやかな風味を楽しむことができます。冷凍豆はグリーンピースのほかにそら豆などもあります。ここではそら豆を使い、具にじゃがいもをプラスしてボリュームのあるスープに仕上げました。じゃがいもを煮くずれないようにするテクニックもぜひ覚えてください。

豆は乾燥豆や水煮缶を使ってもできるので、いろんなバリエーションを考えるのもスープ作りの楽しいところです。牛乳を豆乳に替えれば、ベジタリアンやヴィーガンの食事にも適しています。

ほかにも、レンズ豆、ひよこ豆、大福豆など、予算に応じた食材でスープを作って、健康的で満足感のある食事を楽しんでいただきたいですね。なんといっても豆のスープは栄養豊富で体にやさしい食事なのですから。

じゃがいも入り豆のポタージュ

↑ グリーンピースの代わりに冷凍そら豆を使用。薄皮をむいて用いる。

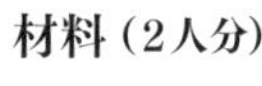

材料（2人分）

じゃがいも（メークイン）…2個（240g）
冷凍そら豆（または冷凍グリーンピース）
…220g
ベーコン…2枚（20g）
玉ねぎ…$\frac{1}{2}$個（100g）
にんにく…2片
ローズマリー…1枝
チキンブイヨン
　洋風スープの素（顆粒）…小さじ1$\frac{1}{2}$
　水…2$\frac{1}{2}$カップ
牛乳…$\frac{1}{2}$〜1カップ
塩…適量
白こしょう…少々
バター（食塩不使用）…20g
オリーブオイル…小さじ2
イタリアンパセリ…少々

作り方

下準備

1

じゃがいもは皮をむいて3等分に切り、熱湯に塩小さじ1を入れて、やわらかくなるまで15分ゆでる。ベーコンは5cm幅に切り、じゃがいもをゆでている鍋に入れ、さっと湯通しして取り出す。じゃがいもがゆで上がったら、火を止め、湯の半量を捨てて、水を足す。

⇒ 余熱で火が入ってじゃがいもが煮くずれるのを防ぎます。

下準備

2
そら豆は薄皮を除く（グリーンピースの場合はむかなくてよい）。玉ねぎは横薄切りにし、にんにくは半分に切って芯を除く。

炒める・煮る

3
別の鍋にオリーブオイルを中火で熱し、にんにく、玉ねぎ、そら豆、ローズマリーを入れて、玉ねぎがしんなりとするまで炒める(**a**)。

4
チキンブイヨンの材料を加えて混ぜ、煮立ってから7分煮て、火を止める(**b**)。

仕上げ

5
粗熱がとれたらローズマリーを除き、ハンドブレンダー（またはミキサー、フードプロセッサーなど）でなめらかになるまで攪拌する。再び中火にかけてひと煮立ちさせ、牛乳を少しずつ濃度を調整しながら加え(**c**)、塩少々、白こしょう、バターを加えて味をととのえる。

盛りつけ

6
5を器に盛り、**1**のじゃがいもを温め直して湯をきって盛り、**1**のベーコン、イタリアンパセリを飾る。好みでEVオリーブオイルを回しかける。

懐石料理風にアレンジしたフランス料理が「シェ松尾」のスタイル

みなさんは、「フランス料理」にはどんなイメージをお持ちでしょうか。ひと昔前までは、バターをたっぷり使った、こってりした料理を思い浮かべる方も多かったと思いますが、今ではそのイメージも変わり、親しみやすい料理として認識されているのではないでしょうか。

そのひと昔前を振り返ってみたいと思います。

私の修業は、19歳（1967年）で日本を発ち、スイスのホテル学校で学んだ後、フランス、モナコ、イギリスのホテルや三つ星レストランなど12年に及びました。日本に帰国したのは31歳（1979年）のときです。

1970年代当時は、フランス料理がそれまでのクラシックなものから現代風の新しいものに生まれ変わった時代でした。この料理を「ヌーベルキュイジーヌ（新しい料理）」と呼びます。

帰国した翌年、念願叶って、東京・渋谷の松濤に一戸建てレストランをオープンした私は、日本のフランス料理に新たな風を吹き込むことに熱く燃えていました。それまでの日本のフランス料理といえば、主にホテルで

古典的な料理をお皿にドーンと3品ほど並べるスタイルが主流でした。しかしそのスタイルは、元来少食で、少しずついろいろな料理を楽しみたい日本人の嗜好には合っていないように思われました。

そこで京都の老舗の料亭に出向き、料理をはじめ器や庭、もてなしの心なども学んだ後、日本人の口に合うように少量の料理を約7品に増やし、盛りつけも季節が感じられる美しいものにしました。このようにフランス料理を「懐石風」にアレンジしてコース料理を構築したことが、大変好評を得て、皇族の方や各界の著名人にもご来店いただけるようになりました。

また、味のメリハリや盛りつけ以外にも、お客様にいかに料理を堪能していただけるかを追求しました。例えば、食事を運ぶときに1人分ずつ銀のふた（クローシュ）をかぶせるアイデアは、温かい料理を温かいまま提供でき、目の前で一斉にふたを取った瞬間、お客様に驚きと感動を体験していただくことができます。メインディッシュの前に口の中をリセットさせるシャーベットを提供するアイデアも、常に料理をおいしく味わうための工夫から思いつきました。

これらは、今では多くのレストランで行なわれていますが、「お客様に喜んでいただくこと」を追求することが私の半生だったように思います。

そしてそのような取り組みが、フランス料理が日本でより親しまれるようになったことの一助を担えたのではないかと思っています。

直筆の水彩画を用いた開店当時のメニュー表（アラカルトメニュー）

3章

安い食材でもごちそうは作れる

お金をかけないと、
おいしい料理は作れないと思っていませんか？
答えは〝ノン〟。
安価な食材も少し手をかけることで、
ごちそうに生まれ変わります。
いつもは脇役のパセリを、香りのよいパスタに。
骨つきの鶏手羽はから揚げに。鶏むね肉のにんにく風味焼きは、
しっとり仕上げるテクニックをぜひ覚えてください。
鯛のあらは、スーパーの開店直後に出向いてでも
手に入れたいお買い得食材です。
新鮮なあらで作る鯛めしは、クセになるおいしさです。
鶏レバーは、ハーブを加えてクリーミーなパテに。
くず野菜でとっただしは、うどんやリゾットに大活躍します。
安い食材をごちそうに変身させる知恵の料理を、
ぜひお楽しみください。

パセリ

調理法で脇役のパセリも主役になる

パセリは香りが豊かで、さわやかな風味を持つハーブです。スーパーではボリュームのある1束が、ほかのハーブに比べて安価なので、たっぷり使えるのがうれしいですね。日本では料理の脇にちょこんと添えられているだけのことが多いのはもったいないことです。

私がモナコの「ホテル・ド・パリ」で働いていたときに、当時のグランシェフが自ら作って食べていたのがパセリのパスタです。そのときは、パセリだけのパスタっておいしいのかな？と疑問に思いましたが、自分で作って食べてみたところ、シンプルでありながら青々しいパセリの風味が際立ち、とてもおいしかったのです。

作り方はとても簡単で、葉を摘んだパセリとアンチョビー、にんにく、塩、こしょうをフードプロセッサーにかけて、オリーブオイルでのばしてなめらかなソースを作ります。それをゆでたパスタにからめるだけ。ミキサーやすり鉢でも作れます。

このパスタはフレッシュさと香りが命なので、できたてをすぐに食べてくださいね。

パセリのパスタ

↑ パセリはたっぷり40gを使用。アンチョビー、にんにくと合わせてソースを作る。

材料（2人分）

パセリ…4〜5本（40g）
スパゲッティ（1.4㎜）…160g
にんにく…1片
アンチョビー（フィレ）…2枚
塩…ひとつまみ
こしょう…少々
EVオリーブオイル…大さじ5
粉チーズ…適量
イタリアンパセリ（またはパセリ）…少々

作り方

ソースを作る

1

パセリは葉を摘み、にんにくは芯を除いて潰し、アンチョビー、塩、こしょうとともにフードプロセッサーに入れ、なめらかになるまで攪拌する。EVオリーブオイルを様子を見ながら加えて攪拌し(**a**)、なめらかなソースを作る。大きめのボウルに移しておく。

⇒ オリーブオイルは一気に加えず、少しずつ加えてなじませます。

パスタをゆでる・仕上げ

2

鍋に2ℓの湯を沸かして塩大さじ1(分量外)を加え、スパゲッティを袋の表示時間通りにゆでる。湯をきって1のボウルに入れ、ソースをからめる(**b**)。

⇒ スパゲッティはゆでるときにしっかり塩味をつけると、ソースと合わせたときの味のなじみがよくなります。

盛りつけ

3

スパゲッティの半量を菜箸にくるくるとからめ(**c**)、器に山高に盛る。粉チーズを全体にふり、上にイタリアンパセリを飾る。

a

b

c

鶏手羽

骨つきの鶏肉のおいしさを知る

鶏肉は骨のまわりの肉がいちばんおいしいですが、特に骨つきの手羽中は最高です。

ニューヨークで食べた「バッファローチキン」を思い出しながら骨つき肉のから揚げのレシピを考えました。

「バッファローチキン」は、鶏の手羽中を揚げて、甘酸っぱいソースで味つけしたもので、アメリカではポピュラーな料理です。ニューヨーク州のバッファローが発祥というのが名前の由来で、「バッファローウイング」とも呼ばれています。

現地のソースは辛みが強く、さらにブルーチーズのディップが添えられていて、それをつけて食べると独特の味わいがしました。

この本では、辛さを抑えてお子さままでも食べられるようにアレンジしました。ハニーレッドソースの赤い色は、唐辛子ではなくトマトケチャップなので、安心して食べていただけます。

手羽中は骨に沿って半分に割って使いますが、スーパーでは「鶏スペアリブ」の名で半分に割ったものが売られているので、それを使うと便利です。

鶏手羽のから揚げ ハニーレッドソース

↑ 手羽中は、手羽先と手羽元の間にあたる部位。写真の半分に割ったものは「鶏スペアリブ」と呼ばれる。火が通りやすく、身離れがいいので食べやすい。

材料（2人分）

鶏手羽中…8本
（または鶏スペアリブ…16本）

下味

- 酒…大さじ1
- しょうゆ…大さじ1
- おろしにんにく…5g
- おろししょうが…5g

ハニーレッドソース

- 黒酢…大さじ2
- 酒…大さじ2
- トマトケチャップ…大さじ2
- しょうゆ…大さじ1
- はちみつ…小さじ1

小麦粉、片栗粉…各大さじ2
揚げ油…適量

作り方

下準備

1

手羽中は骨に沿って厚みを半分に分ける（半割りになっている鶏スペアリブを使ってもよい）。ボウルに下味の材料を混ぜ合わせ、手羽中を加えて揉み込み、30分以上おく（a）。

⇒ 下味をしみ込ませることで、やわらかくジューシーに仕上がります。

2

ハニーレッドソースの材料を混ぜ合わせる。

衣をつける・揚げる

3

ポリ袋に小麦粉と片栗粉を入れてよく混ぜ、**1**の手羽中の汁けをきって入れる。空気を入れて口を閉じ、ポリ袋を振って衣を全体にまぶす(**b**)。

4

小さめのフライパンに揚げ油を2cm深さまで入れて150℃に熱し、**3**の半量を余分な粉をはらい、皮目を下にして入れる。途中で上下を返してこんがりと色づくまで5分揚げて火を通し(**c**)、油をきる。残りも同様に揚げる。

⇒ 一度に入れると温度が下がるので、2回に分けて揚げます。余分な粉をはらうことで、サクッと軽く揚がります。

仕上げ

5

小さいフライパンに**2**のハニーレッドソースを入れて中火にかけて煮立て、**4**をすべて入れ、さっとからめる(**d**)。

a

b

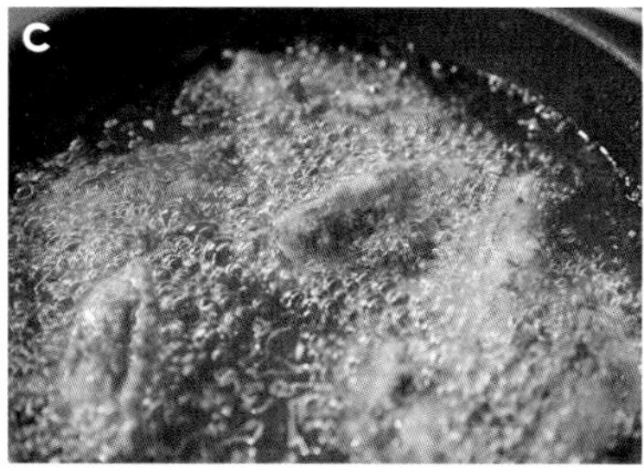
c

d

鶏むね肉

魔法の水で肉をやわらかくする

鶏むね肉は、高たんぱく、低脂肪のすぐれた食材で、安価なのもうれしいですね。ただし、そのまま焼くとパサついてしまいがちです。そこで使うのが魔法の水「ソミュール液」です。難しそうな名前ですが、単なる塩水で、塩の割合は水の4％が目安です。これに鶏むね肉を一晩漬けておくと肉全体に塩がまわり、しっとりとやわらかく仕上がります。

むね肉は味も淡白であっさりしているので、一度焼いてから旨味のあるにんにくペーストを塗って仕上げるレシピをご紹介します。

この料理のおいしさの秘密は、このにんにくペーストです。生のにんにくは強烈な香りがするので、私は皮つきのまま電子レンジにかけてから、ざるでこします。こうするとにおいがやわらぐので、そこにマスタードやレモン汁などを混ぜて、まろやかなにんにくペーストを作ります。これをむね肉に塗り、最後に、粉チーズを混ぜたパン粉をつけて、温めたオーブントースターで香ばしく焼き上げます。フライのようですが、油で揚げていないので、とてもヘルシーに仕上がりますよ。

リーフサラダ
→P54

鶏むね肉のにんにく風味焼き

作り方

下準備

1

保存容器にソミュール液の材料を入れて混ぜ、鶏肉を入れ、冷蔵室に3時間〜一晩おく(a)。

⇒ ソミュール液に漬けることで、鶏むね肉がやわらかくジューシーに仕上がります。

2

チーズパン粉のパン粉はポリ袋に入れ、めん棒を転がして細かくする。バットに入れて粉チーズを混ぜる。

3

にんにくペーストを作る。にんにくは皮つきのまま1片ずつラップで包み、電子レンジで1分30秒加熱する。指で皮をつまんでにんにくを押し出す。ざるでこしてなめらかにし、にんにくペーストの残りの材料と混ぜ合わせる。

⇒ にんにくは電子レンジで加熱して使うと、香りも風味もマイルドになります。

材料(2人分)

鶏むね肉(皮なし)…大1枚(280g)

ソミュール液

- 塩…8g(大さじ½・水の分量の4%)
- 水…1カップ

チーズパン粉

- パン粉…35g
- 粉チーズ…大さじ1

にんにくペースト

- にんにく(皮つき)…3片
- バター(食塩不使用。室温に戻したもの)…20g
- レモン汁…小さじ1
- ディジョンマスタード…小さじ½
- あればパプリカパウダー…小さじ½

こしょう…少々

小麦粉…適量

オリーブオイル…大さじ1

焼く

4

鶏肉をソミュール液から取り出して水けを拭き、4枚にそぎ切りにする。こしょうをふり、小麦粉を薄くまぶす。フライパンにオリーブオイルを強めの中火で熱し、鶏肉を並べ入れ、焼き色がつくまで両面を焼く。

ペーストを塗る・焼く

5

鶏肉を取り出して油を拭き取り、上面に**3**のにんにくペーストを等分に塗り(**b**)、**2**のチーズパン粉を全体にまぶす(**c**)。オーブントースターの天板にアルミホイルを敷き、並べる。

6

予熱したオーブントースターで2分30秒焼いてパン粉をこんがりとさせ(**d**)、中まで火を通す。

盛りつけ

7

斜め半分に切って器に盛る。好みでリーフサラダ(P54)を中央に添える。

魚のあら

お得な魚のあらを上手に使う

スーパーでよい食材を安く購入できたときに、幸せな気分になるのは、誰もが同じだと思います。

以前、真鯛のあらを1パック500円で見つけて購入しました。あらを除いた切り身は、お刺身用の1さくが2400円で売られていました。同じ魚のあらですから鮮度もよし、量もたっぷりで、値段も安くてうれしくなり、と同時に買い物上手な自分をほめてあげたいと思いました(笑)。

それ以来、ときどき開店直後のスーパーに出向き、鯛のあらを買いだめして冷凍しておくようになりました。

鯛のあらを使った料理のおすすめは「鯛めし」です。「鯛めし」の要はなんといっても鯛の鮮度。鮮度のよい鯛のあらでとっただし汁は、生臭さがなく、そのまますまし汁としていただけるようなおいしさです。

魚のあらは焼いて、香ばしい香りを引き出します。そのだし汁で炊いた「鯛めし」ですから、でき上がりの味は想像できますね。仕上げにおこげも作って、風味豊かな鯛めしをお楽しみください。

あらの鯛めし

↑ 刺身用のさくや切り身を取ったあとの鯛のあら。鮮度のよいものは早く売り切れてしまうので、開店直後に行くとよい。

材料（3〜4人分）

鯛のあら…1尾分（600〜700g）
米…2合
しめじ …½パック（50g）
三つ葉…適量
油揚げ…1枚
だし昆布…10㎝
くず野菜（セロリの葉、パセリの茎、玉ねぎの皮、しめじの石づきなど）…適量
みりん…大さじ1
しょうゆ…大さじ2
塩…小さじ¼
油…適量

作り方

下準備

1

米は洗い、ざるに上げて30分おく。しめじは石づきを除き、ほぐす。三つ葉はざく切りにし、油揚げは細切りにする。

2

鯛のあらは、うろこや血の固まりなどをこそげながら流水できれいに洗い、水けを拭く。

あらでだし汁をとる

3

魚焼きグリルの網に油少々を塗って中火にかけ、**2**の鯛のあらを並べ、焼き色がつくまで両面を焼く(**a**)。粗熱がとれたら、身をほぐして取り出し、骨や皮と分ける。

⇒ 鯛のあらは焼くことで、香ばしい味が引き出されます。

4

鍋に**3**の鯛の骨や皮を入れ、かぶるくらいの水(約3カップ)を注ぎ、だし昆布、くず野菜を入れて中火にかける(**b**)。沸騰したらアクを除き、弱火で20分煮る。ざるにペーパータオルを敷いてこし(**c**)、360mℓのだし汁をとり(足りない場合は水を足す)、冷ます。

炊く

5

土鍋の底に薄く油を塗り、**1**の米、しめじ、油揚げと、みりん、しょうゆ、塩、**4**でとっただし汁を注ぎ(**d**)、軽く混ぜる。ふたをして強めの中火にかけ、煮立ったら弱火にして12分炊く。

仕上げ

6

3の鯛の身をのせ(**e**)、再びふたをして10秒強火にかけておこげを作る。炊き上がったらしゃもじで切るように混ぜ、ふたをして5分ほど蒸らし、三つ葉をのせる。

a

b

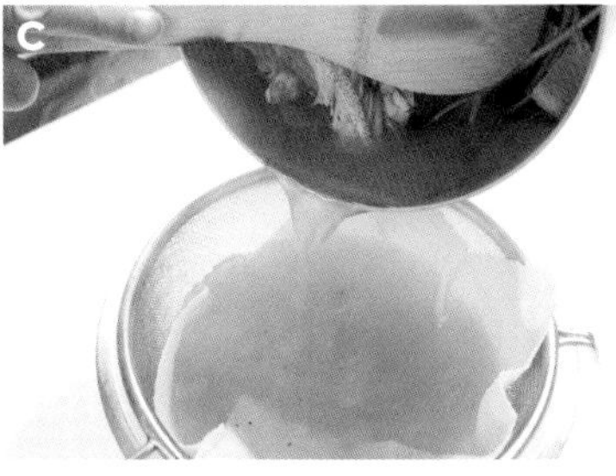
c

d

e

鶏レバー

ハーブとにんにくで臭みを消す

アペロ（l'Apéro）って聞いたことありますか？　夕食の前に家族や友人たちとおしゃべりをしながら軽いおつまみとお酒を楽しむフランスの習慣のことです。そのアペロに欠かせない代表的な料理の一つがレバーパテです。トーストしたバゲットやクラッカーにつけて食べます。

パテの作り方はいろいろあります。私が若い頃に修業をしたフランスの三つ星レストラン「トロワグロ」ではレバーパテにフォアグラを入れていましたし、ジビエで作るところもありました。ブランデーやマデイラ酒などのお酒を加えて風味をつけたものもおいしいですが、ここではお酒は加えずにセージで風味をつけて、クリーミーに仕上げます。好みでお酒やスパイスを加えてアレンジも楽しめます。

ポイントはレバーの下処理です。きれいに掃除してから牛乳に浸して血抜きをします。また、レバーはすぐに火が通るので、さっと炒めて火を入れすぎないようにしてください。

鶏レバーは安価なうえ、栄養価の高いすぐれた食材で、鉄欠乏症の予防にも役立つので、ぜひ作ってみてくださいね。

BERNDORF

レバーパテ

⬆ レバーは肝臓のこと。たんぱく質や鉄分、ビタミンAなど、豊富な栄養素を含む。中でも鶏レバーは、牛や豚のレバーに比べてクセや臭みが少なく、しっとりした食感で食べやすい。

材料（作りやすい分量）

鶏レバー…150g
牛乳…適量
にんにく…1片
ドライセージ…小さじ¼
塩…小さじ¼
粒黒こしょう…適量
バター（食塩不使用）…70g
ローリエ（またはドライセージ。飾り用）…小1枚
バゲット…適量

作り方

下準備

1

にんにくはみじん切りにし、セージは粗く刻む。レバーはざっくりと切り分け、筋や血のかたまりなどを除く（**a**）。水でよく洗い、ボウルに入れてかぶるくらいの牛乳を注ぎ、15分浸し（**b**）、水けをペーパータオルで拭く。

⇒ レバーは下ごしらえが大事。牛乳に浸して血抜きをし、臭みを除きます。

炒める

2

フライパンにバター20gを中火で溶かし、にんにくを炒める。香りが立ったら1のレバー、セージを加えて2〜3分炒めてレバーに火を通し(c)、塩、粒黒こしょうを加える。

攪拌する・仕上げ

3

2を熱いうちにフードプロセッサーに入れてなめらかになるまで攪拌する。バター40gを2回に分けて加え、そのつど攪拌してなめらかなペースト状にする(d)。容器に移し、スプーンの裏で軽く押さえてしっかりと詰めて、冷ます。

⇒ レバーが熱いうちにバターを2回に分けて加えることで全体に行き渡ります。

4

バター10gを耐熱容器に入れ、ラップをかけずに電子レンジで1分加熱して溶かしバターを作る。3の上にローリエをのせ、上から注いで空気にふれないように覆う。冷蔵室に一晩入れて冷やす。器に盛り、バゲットを添える。好みでピクルスやオリーブ、パセリを添える。

＊冷蔵室で5日間保存可能。

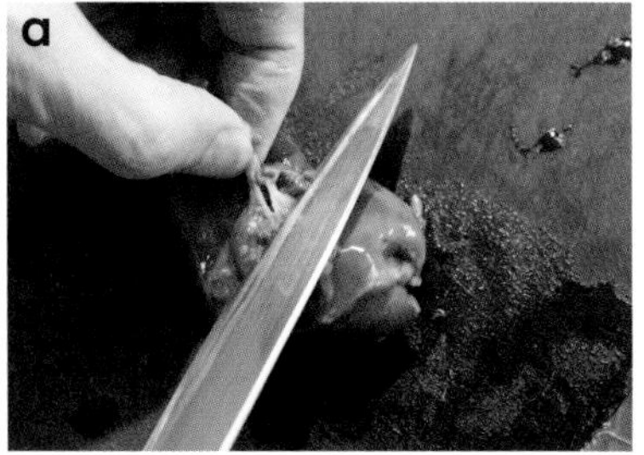
a

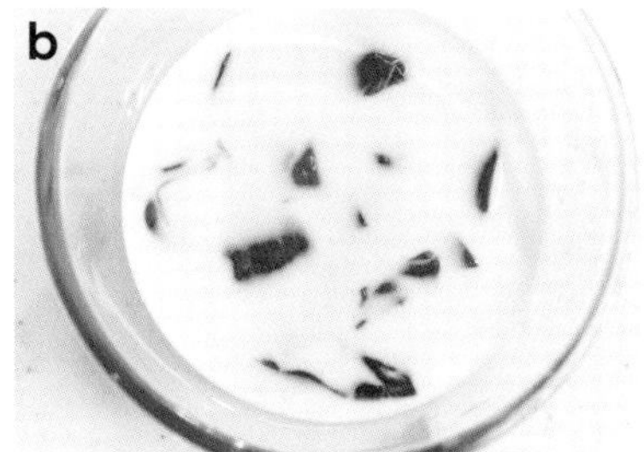
b

c

d

くず野菜

捨てる部分がおいしく生まれ変わる

料理をしていると、大根やにんじんのへたや皮、キャベツの芯、きのこの石づきなど、野菜の切れ端やくずがどうしても出ますよね。私はそれをポリ袋に入れて冷凍しておき、ある程度たまったら、水から煮て、だし（ベジブロス）をとるようにしています。このだしは、スープをはじめ、煮込み料理やリゾットなど、いろいろな料理に使え、料理に奥行きをもたらします。野菜から抽出された旨味成分がたっぷりと溶け込んでいるので体にもいいですよ。

では、くず野菜のだしを使った料理を2品ご紹介しましょう。

「ささ身のピリ辛うどん」（P111）は、昔、東京・六本木の中華屋さんで食べた麺をイメージして考えたレシピです。白菜の葉元の白い部分はだしが出るので、細長く切って麺にからめて食べるとおいしいですよ。体の芯まで温まるので、冬にお酒を飲んだ後や小腹が空いたときにもおすすめです。

「きのこのリゾット」（P112）は、くず野菜のだしを一度に加えずに、1カップずつ数回に分けて加えて、お米の粒を潰さないように火を通すのがポイントです。リゾットは具材を変えると、また違う味わいになるので、基本の作り方を覚えておきましょう。

くず野菜のだし

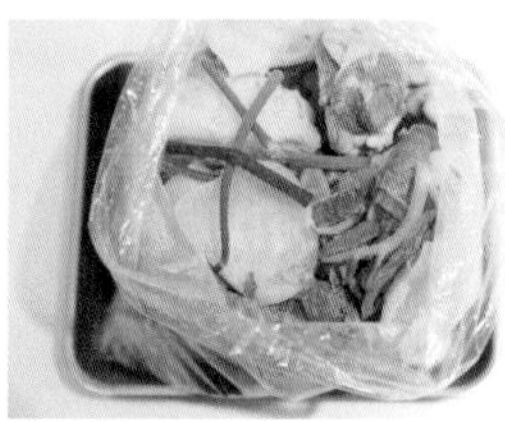

↑ 野菜の皮やへたなど、調理のときに出たくず野菜は、そのつどポリ袋などに足して、冷凍する。ほとんどの野菜は材料になるが、いも類やかぼちゃなど、でんぷん質の多い野菜は適さない。

材料（約7カップ分）

くず野菜…800g
水…9カップ
追い水…1½カップ

作り方

深鍋にくず野菜を入れ、分量の水を注いで強火にかける。煮立ったら弱火にしてふたをせずに40分煮る（a）。途中30分ほどして水分が減ったら、追い水を加える。目の粗いざるでこす。

⇒ ふたをするとスープがにごるので、ふたをせずに弱火で煮ます。

＊完全に冷ましてから保存容器に移す。冷蔵室で4～5日間、冷凍室で1カ月間保存可能。

くず野菜のだしの応用①

ささ身のピリ辛うどん

材料（2人分）

くず野菜のだし（P110）…700mℓ
うどん（乾麺）…150g
鶏ささ身…4本（220g）
白菜…¼株（550g）
万能ねぎ…4本
豆板醤…小さじ1〜1½
塩…小さじ½
こしょう…少々

作り方

下準備

1
白菜は葉元の白い部分は横細切りにし、葉は食べやすく切る。万能ねぎは小口切りにする。

⇒ 白菜の白い部分からだしが出るので麺のように細く切って加えます。

煮る

2
鍋にくず野菜のだし、白菜の白い部分とささ身を入れて強めの中火にかけ、煮立ったらアクを除く。弱めの中火にして15分煮る。

仕上げ

3
ささ身を取り出し、粗熱がとれたら粗みじん切りにし、鍋に戻す。豆板醤と白菜の葉を加えてひと煮立ちさせ、塩、こしょうで調味する。

4
別の鍋に湯を沸かし、うどんを袋の表示通りにゆでる。湯をきって器に盛り、**3**をかけ、万能ねぎを散らす。

くず野菜のだしの応用 ②

きのこのリゾット

作り方

下準備

1

くず野菜のだしは鍋に入れ、中火にかけて温める。米はさっと洗い、水けをきる。エリンギは2cm長さに切り、縦3mm幅に切る。マッシュルームも縦3mm幅に切る。しめじは石づきを除き、小房に分ける。

材料（2〜3人分）

くず野菜のだし（P110）…約3カップ
米…1合
エリンギ…1本
マッシュルーム…6個
しめじ…½パック（50g）
玉ねぎのみじん切り…¼個分（50g）
白ワイン…60mℓ
塩…小さじ½
こしょう…少々
粉チーズ…大さじ2
バター（食塩不使用）…20g
オリーブオイル…大さじ2
イタリアンパセリの粗みじん切り…少々

炒める

2

鍋にオリーブオイルを中火で熱し、米を炒める。半透明になってきたら玉ねぎときのこ類を加え、きのこがしんなりとするまで炒める(**a**)。白ワインをふり入れ、煮立ててアルコール分を飛ばし、水分がなくなるまで煮る。

a

だしを加えて炊く

3

くず野菜のだし1カップを加え、火を弱めて木べらで混ぜ、塩、こしょうを加える。米がだしを吸ったら、再びくず野菜のだし1カップを足して(**b**)、混ぜる。これをもう1回くりかえし、くず野菜のだしを加えてから10分煮たら米のかたさを味見をして、アルデンテ(少し芯が残る状態)になるまで煮て、火を止める(**c**)。

b

c

⇒ くず野菜のだしは一度に加えずに、1カップずつ加えていき、米の芯が少し残るところで火を止めます。米を潰さないように混ぜてください。

仕上げ

4

粉チーズ、バターを加えてさっと混ぜる。器に盛り、イタリアンパセリを散らす。

冷凍・冷蔵保存のワザ

野菜・ハーブの保存

切った野菜は保存できないと思いがちですが、実は保存が可能です。リーフサラダ(P54)やサラダジュリエンヌ(P55)は、カットして保存した野菜があれば、食べたいときにすぐに作って食べることができます。ポイントはぎゅうぎゅうに詰めないで空気を入れることです。

大きめの保存容器にカットした野菜をふんわりと入れ、ぬらしたペーパータオルをのせ(**a**)、ふたをします。冷蔵室で1週間ほど保存が可能です。ただし、レタスは切り口が変色するので、食べるときに切るようにします。

ハーブは茎ごと、同様に保存します(**b**)。ローズマリーやバジル、イタリアンパセリなど、香りが違うものでも一緒に入れて問題ありません。

a

b

パンの保存

一度に食べきれないパンは、室温に置いておくと乾燥して味が落ちるので、冷凍保存するのがおすすめです。カンパーニュなどの大きなパンは、好みの幅に切り分けて2〜3枚ずつ小分けにしてラップで包み、さらに入っていたポリ袋や保存袋に入れます（c）。食パンも同様です。バゲットは切り込みを入れて（d）、入っていたポリ袋に戻して冷凍します。

解凍するときは、バゲット以外は保存袋から取り出して、ラップのまま電子レンジで30秒加熱します。

次にラップをはずし、予熱したオーブントースターで好みの焼き加減に焼きます。表面はサクッ、中はふわっと焼き上がりますよ。

バゲットは食べる分だけ切り離して、電子レンジで同様に加熱し、オーブントースターで焼くとおいしく食べられます。

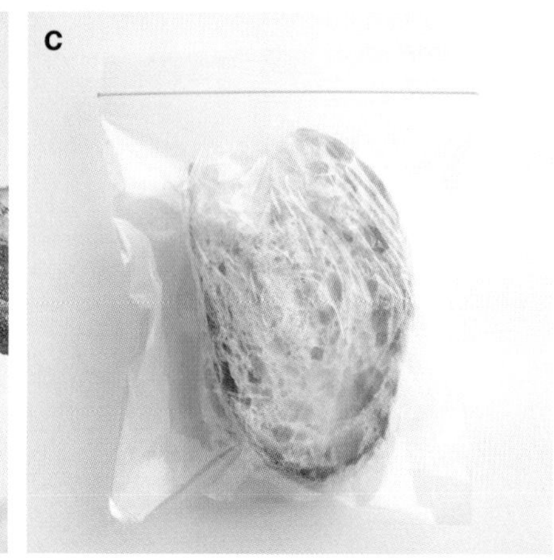
c

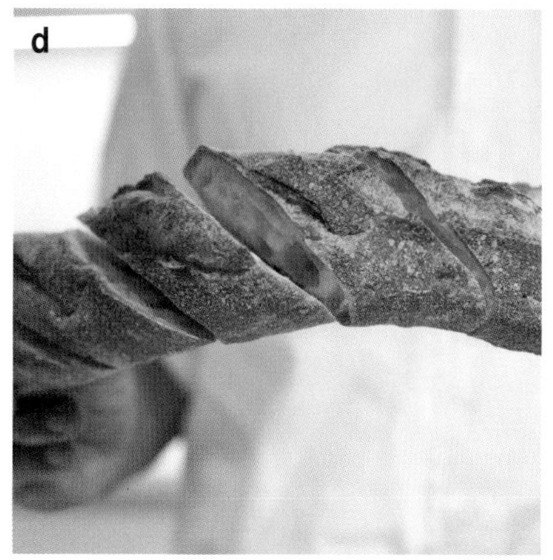
d

4章

手間も材料もミニマムでいい

忙しくて時間がない、そんなときは
パパッとできる料理を覚えておくと心強いですね。
白身魚のカルパッチョは、お刺身に塩、こしょう、レモン汁、
オリーブオイルをかけるだけ。
火を使わずにごちそうが作れます。
イタリア料理でおなじみのバーニャ・カウダは、
電子レンジで手軽に作れるレシピを考えました。
ミニマム料理の代表は、パピヨットです。
オーブンペーパーに具材を包んで、電子レンジにかければ完成。
こんなに簡単なのに、仕上がりはプロ級の味わいです。
ローストポークは、塩をまぶして一晩おけば、
あとはオーブンで焼くだけ。
オーブンを使いこなせば、
手をかけずにほめられる料理が作れますよ。

Herbes

カルパッチョ／マリネ

刺身はレモンとオリーブオイルで食べる

2006年ごろに、アンチエイジング医学会の世界的な権威であるフランス人のドクター・クロード・ショーシャ氏と運命的な出会いがありました。彼の著書『30日間で10歳若返る！』は100万部を突破したベストセラーで、本の内容の半分は食に関することです。

ある日、彼から「アンチエイジング料理をお願いできないか」という依頼がありました。「どうして私に？」と問い返したところ、日本料理とフランス料理の食文化の知識があるから、ということでした。そこで提案したのが「白身魚のカルパッチョ」です。お刺身をしょうゆとわさびで食べるところを、レモンやオリーブオイル、フレッシュハーブに変えて塩分を抑えた料理にしました。

白身魚と同様に、ゆでだこもしょうゆで食べるのではなく洋風にアレンジしたマリネをご紹介します。たこにかけたピストゥソースは、バジル、にんにく、オリーブオイルを使った、フランスのプロヴァンス地方のシンプルなソースです。バジルは、青じそで代用してもいいでしょう。パンにのせたり、ゆでたじゃがいもの上にのせてタパス風に食べるのもおすすめです。

白身魚のカルパッチョ

材料（2人分）

鯛（刺身用）…2さく（150g）
玉ねぎ…¼個（50g）
ラディッシュ…1個
ブロッコリースプラウト…少々
塩…小さじ¼弱
こしょう…少々
レモン汁…小さじ2
EVオリーブオイル…大さじ1
パセリのみじん切り…少々

作り方

下準備

1
玉ねぎは縦薄切りにし、塩少々（分量外）をふって揉み、水にさらし、水けを絞る。ラディッシュは薄い輪切りにし、葉少々は取りおく。ブロッコリースプラウトは根元を切り落とす。

2
鯛は薄いそぎ切りにする。器に盛り、ラップをかけて冷蔵室で冷やす。

仕上げ

3
2の鯛に、塩、こしょうをふり、レモン汁とEVオリーブオイルを回しかける。**1**の玉ねぎ、ラディッシュ、ブロッコリースプラウトを全体にのせる。パセリを散らし、ラディッシュの葉を飾る。

⇒ レモンとオリーブオイルが鯛の旨味を引き立てるので、しょうゆで食べるより減塩できます。

たこのマリネ

↑ ゆでだこは色が鮮やかで足が太く、吸盤に弾力があるものを選ぶ。できるだけ切り口が広くなるようにそぎ切りにする。

材料（2人分）

ゆでだこの足…1本（100g）

ピストゥソース

- ミニトマト…4個
- バジル…3～4枚
- EVオリーブオイル…大さじ2
- レモン汁…小さじ2
- おろしにんにく…小さじ1/4
- 塩…小さじ1/4弱
- こしょう…少々

作り方

下準備・ソースを作る

1

ミニトマトは皮を湯むきし（P18の1参照）、粗く刻む。バジルも粗く刻む。そのほかのピストゥソースの材料とともによく混ぜ合わせる。

仕上げ・盛りつけ

2

たこはペーパータオルで水けを拭き、2～3㎜厚さのそぎ切りにし、冷やした器に並べる。1のピストゥソースを回しかける。

⇒ バジルの香りが決め手。バジルは青じそで代用もできます。

バーニャ・カウダ

にんにくは電子レンジにかけて、なめらかにこす

バーニャ・カウダは、イタリアのピエモンテ州の郷土料理です。にんにく、アンチョビー、オリーブオイルなどで作る温かいソースで、「バーニャ」は〝ソース〟、「カウダ」は〝熱い〟を意味します。伝統的な作り方は、にんにくを牛乳で数回煮こぼして使いますが、私はその作業を省き、できるだけ作りやすいように工夫しています。

ポイントはにんにくの加熱の仕方です。皮つきのにんにくをペーパータオルで包んでぬらし、さらにラップで包み、電子レンジに2分かけてから、ざるでこします。こうするとにんにくが簡単に潰せるだけでなく、まろやかなにんにくの風味が残り、食べた後ににんにくの強いにおいも残りません。

生野菜やゆで野菜など、色鮮やかな野菜を用意すれば、食卓も華やぐので、おもてなし料理にもおすすめです。残ったらパスタソースやドレッシングに加えてもいいですし、肉や魚料理などのソースとして豊かな味わいを楽しむこともできます。

なめらかバーニャ・カウダ

🅐 材料はにんにく、アンチョビー、オリーブオイル、牛乳の4つ。発酵食品のアンチョビーに旨味と塩けがあるので、塩は必要ない。

材料（作りやすい分量）

にんにく（皮つき）…大4片
牛乳…½カップ
アンチョビー（フィレ）…4枚
オリーブオイル…大さじ3
好みの野菜（にんじん、きゅうり、セロリ、赤パプリカ、ブロッコリー、ミニトマトなど）…適量

作り方

下準備

1

にんじん、きゅうり、セロリ、赤パプリカはスティック状に切る。ブロッコリーは小房に分け、熱湯に塩少々(分量外)を加えてゆでる。

2

にんにくは皮つきのまま1片ずつペーパータオルで包んで水でぬらし、さらにラップで包み、電子レンジで2分加熱する。指で皮をつまんでにんにくを押し出す。ざるに入れ、木べらですり潰しながらこす(**a**)。

⇒ 電子レンジにかけてざるでこせば、ミキサーにかけなくていいので手軽に作れて、にんにくの香りもマイルドになります。

煮る

3

小鍋に牛乳を入れ、**2**のにんにく、アンチョビーを加え、泡立て器で混ぜながら弱火で1～2分煮る。オリーブオイルを加え(**b**)、オイルが乳化するまでよく混ぜる(**c**)。冷めないように陶器製の器などに入れ、**1**の野菜、ミニトマトを添える。

⇒ アンチョビーは泡立て器で混ぜるうちに細かくなるので、切らずに加えてOKです。

＊冷めたら保存容器に入れ、冷蔵室で3～4日間保存可能。食べるときは電子レンジで30秒加熱して混ぜる。分離しても問題はない。

a

b

c

パピヨット

紙で包み レンジで蒸して 旨味を 閉じ込める

パピヨットは、紙包み焼きのことです。魚をフライパンや魚焼きグリルで焼くと、焦げたり、くっついてしまったり、水分が抜けてパサパサになってしまったりした経験がある方も多いと思います。

耐熱性のあるオーブンペーパーに包んで電子レンジで蒸してみてください。素材が焦げることもなく、素材そのものの水分で蒸されるのでふっくらと仕上がり、風味もぎゅっと閉じ込められます。ミニトマトや玉ねぎなどの野菜を一緒に入れると、野菜の旨味や栄養が閉じ込められて、ますますおいしくなります。

さらにこのパピヨットは、私がいつも大切にしているワクワク感を演出することができます。包みを開けるとき、まるでプレゼントを開けるときのような楽しさがありますね。魚にドライハーブをふり、さらにバジルを入れると、包みを開いた瞬間、ふわ～っとよい香りが漂い、これが最高のスパイスになります。

魚のほかに、いかとあさり、鶏むね肉の3種のパピヨットをご紹介します。魚は鮭を使いましたが、すずき、めばる、鯛、たらなども向きます。いかとあさりは、蒸し汁もパンにつけて召し上がれ。鶏むね肉は中華料理のよだれ鶏風に、ピリ辛のたれに漬けておきます。こうするとかたくならず、しっとりやわらかく仕上がります。

パピヨットの応用①

魚のパピヨット

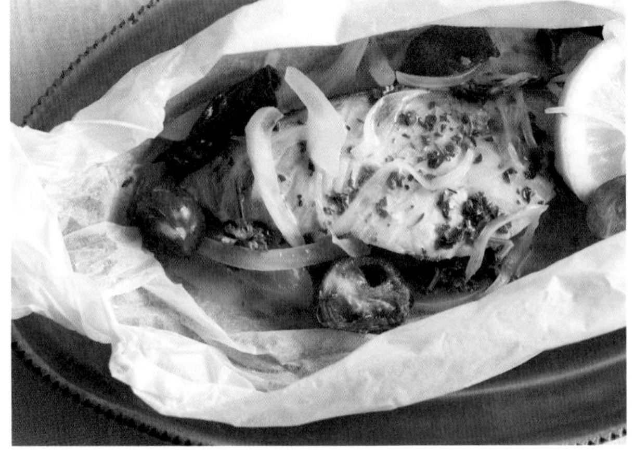

↑ 鮭は、身に含まれる赤い色素のアスタキサンチンをはじめ、DHAやEPAなどの栄養素が豊富。ムニエルやクリーム煮などにも向く。

↑ エルブ・ド・プロヴァンスは、タイム、セージ、ローズマリーなど、南フランスのプロヴァンス地方のハーブを乾燥させてミックスしたもの。肉や魚のロースト、スープや煮込み料理に使われる。

材料（2人分）

生鮭…2切れ（280g）
塩…小さじ½弱
こしょう…少々
ドライミックスハーブ
（エルブ・ド・プロヴァンスなど）…小さじ1
玉ねぎ…½個（100g）
ミニトマト…4個
パセリ…2本
バジル…4枚
バター（食塩不使用）…10g
レモンの輪切り…2枚
白ワイン…大さじ2

作り方

下準備

1

玉ねぎは縦薄切りに、ミニトマトは縦半分に切る。パセリは粗みじん切りにする。鮭は両面に塩、こしょう、ドライミックスハーブをふる(**a**)。

包む

2

1人分ずつ包む。オーブンペーパーを40㎝長さに2枚切って横長に広げ、玉ねぎとミニトマトの¼量を敷き、**1**の鮭1切れをそれぞれのせる。同量の玉ねぎとミニトマトをのせ、バジル2枚、パセリの半量、バター5g、レモンの輪切り1枚をそれぞれのせ(**b**)、白ワインを等分にかける。オーブンペーパーの手前と奥を合わせて上で2回ほど折り(**c**)、両端をしっかりひねって閉じ(**d**)、キャンディ包みにする。

⇒ 蒸気が逃げないようにオーブンペーパーはしっかり閉じます。

レンジ加熱する

3

2を耐熱皿に並べてのせ(**e**)、電子レンジで7分加熱する(1個の場合は5分加熱する)。オーブンペーパーごと器に盛る。

a

b

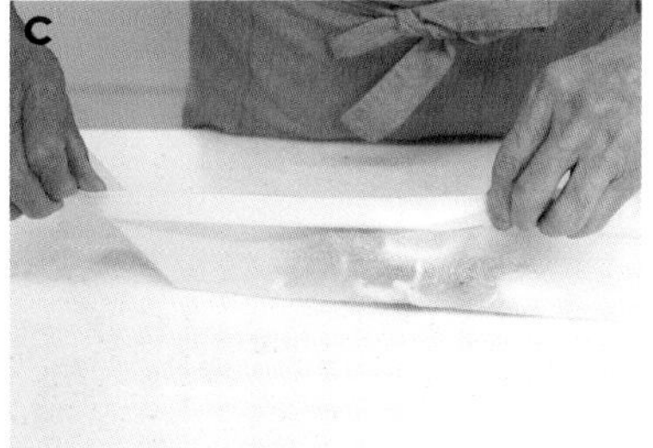
c

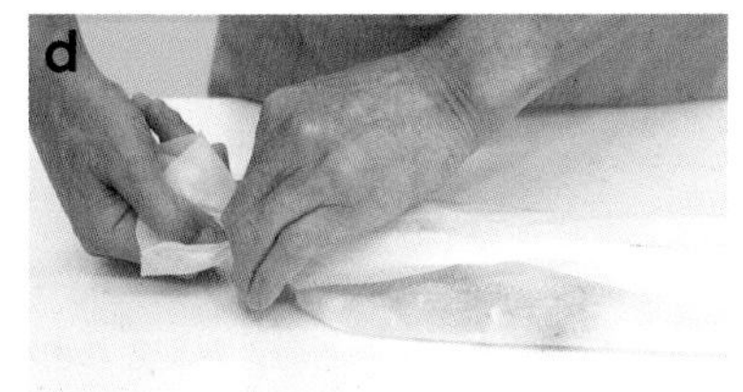
d

e

パピヨットの応用②

いかとあさりのパピヨット

作り方

下準備

1

エリンギは縦5㎜幅に切って、手で細く裂く。赤唐辛子は縦半分に切って種を除く。いかは胴から足を引き抜いて、わたを除く。胴は1㎝幅の輪切りにし、足は食べやすく切り、塩、こしょうをふる。

包む

2

オーブンペーパーを40㎝長さに2枚切って横長に広げ、エリンギを敷き、いか、あさり、赤唐辛子、にんにく、ローズマリーを等分にのせ(a)、白ワインをかける。P129の**2**と同様に包む。

⇒ 風味よく、ふっくらと蒸すことができます。

レンジ加熱する

3

耐熱皿に並べてのせ、電子レンジで7分加熱する。食べるときに包みを開き、EVオリーブオイルをかける。

材料(2人分)

やりいか…1杯(170g)
あさり(砂抜きしたもの)…8個(150g)
エリンギ…1本
塩…小さじ½弱
こしょう…少々
赤唐辛子…1本
にんにくの薄切り…1片分
ローズマリー…2本
白ワイン…大さじ2
EVオリーブオイル…大さじ1

パピヨットの応用 ③

鶏むね肉のパピヨット

材料（2人分）

鶏むね肉…大1枚（300g）

漬けだれ

- 長ねぎ…1本
- 赤唐辛子…1本
- おろししょうが…小さじ½
- しょうゆ…大さじ2
- みりん、黒酢（または酢）…各大さじ1
- ごま油…大さじ1
- 砂糖、豆板醤…各小さじ1

豆苗…適量

作り方

下準備

1

漬けだれの長ねぎは斜め薄切りにする。赤唐辛子は縦半分に切り、種を除く。豆苗は根元を切り落とす。鶏肉はフォークで両面を刺す。漬けだれの材料をすべて保存容器に入れ、鶏肉を30分漬ける（a）。

⇒ たれに漬けることで、鶏むね肉がしっとりやわらかく仕上がります。

包む

2

1の鶏肉を1cm厚さのそぎ切りにする。オーブンペーパーを40cm長さに2枚切って横長に置き、鶏肉をのせ、赤唐辛子以外の残った漬けだれ、豆苗、赤唐辛子を等分にのせる。P129の**2**と同様に包む。

レンジ加熱する

3

耐熱皿に並べてのせ、電子レンジで7分加熱する。器に盛り、食べるときに包みを開く。

a

ローストポーク

塩豚にして肉の旨味を凝縮させる

ローストポークには、適度に脂の入った豚肩ロースのかたまり肉を使います。これに塩をふって一晩寝かせたものが塩豚です。肉の内部にまでほどよい塩分が入り、噛むと口の中で豚肉から適度な塩味と旨味がしみ出してきます。

この料理は、付け合わせの野菜も一緒にできるので一石二鳥です。初めにフライパンで肉の表面に焼き色をつけたら、フライパンの空いたところで野菜も一緒に焼きます。

野菜をおいしく仕上げるポイントは、食感が残るように大きめに切り、塩、こしょうをふっておくこと。オーブンで豚肉が焼き上がったら野菜をフライパンに移し、バターを加えて野菜をさらに焦げる寸前まで中火で炒めることです。

豚肉は厚めに切り分けたほうがダイナミックなこの料理には適しています。ソースは不要で、マスタードを添えます。盛りつけも華やかなので、おもてなし料理にもおすすめです。

ローストポーク 焼き野菜添え

⬆ 豚肩ロースかたまり肉は、赤身と脂身のバランスがよく、豚の旨味と食感が楽しめる部位。焼き豚用にたこ糸を巻いてあるものを使用すると形がくずれずラク。

材料（4人分）

豚肩ロースかたまり肉
（たこ糸を巻いたもの）…1本（350g）
玉ねぎ…1個（200g）
じゃがいも…2個（300g）
にんじん …1本（100g）
エリンギ…2本（60g）
にんにく（皮つき）…1個（5〜6片）
塩…適量
こしょう…少々
パセリのみじん切り…少々
油…大さじ1
バター（食塩不使用）…20g

作り方

下準備

1

豚肉に塩小さじ1½をすり込み(a)、冷蔵室に一晩おく。

⇒ 一晩おいて塩豚にすることで塩が中まで入り、おいしくなります。

2

玉ねぎは根元の芯をつけたまま四つ割りにする。じゃがいもは4等分に切る。にんじんは4㎝長さに切って四つ割りにし、面取りする。エリンギは縦半分に切る。にんにくは皮つきのまま横半分に切る。

焼く

3

フライパンに油を中火で熱し、**1**の豚肉の表面全体を焼き色がつくまで焼く。フライパンの空いているところに**2**の野菜を入れて塩小さじ½弱、こしょうをふり、油がまわるまで炒める(**b**)。

4

オーブンの天板に**3**の豚肉と野菜をのせ、200℃に予熱したオーブンで35〜40分焼く。途中、15分たったら豚肉と野菜を裏返し(**c**)、さらに20〜25分焼く。豚肉に竹串を刺して透明な肉汁が出たら焼き上がり。豚肉を取り出し、アルミホイルに包む。

⇒ 焼いた肉をアルミホイルに包んでおくことで、肉汁が落ち着きます。

5

3のフライパンにバターを中火で溶かし、**4**の野菜を入れて炒め、こんがりと焼き色をつける(**d**)。

盛りつけ

6

4の豚肉を厚めに切って器に盛り、**5**の野菜を添えてパセリをふる。好みで粒マスタードを添える。

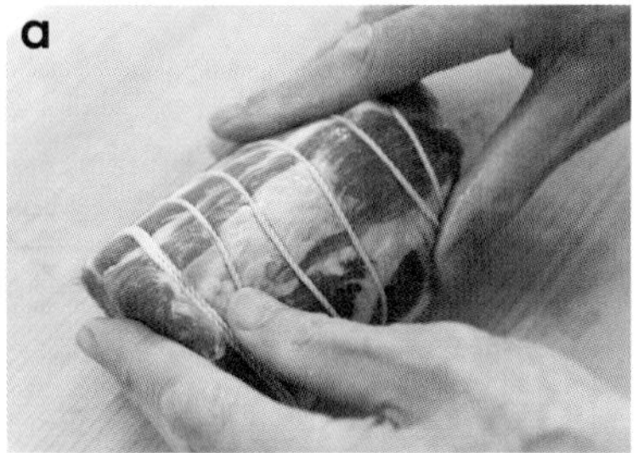

a

b

c

d

YouTubeで伝えたいこと

私がＹｏｕＴｕｂｅをはじめたのは２０２１年のことです。当初は、ビーフシチューのような王道の洋食メニューを紹介していました。しかし、視聴した方からのコメントを読んで、それまでの私のレシピでは一般の方々には材料も工程も多く、そのままでは気軽に作ってみようという気持ちにならないことがわかりました。

そこで料理の質を保ちながらも、徐々に作りやすさを意識するようになり、短時間で作れるものや、切ってあえるだけのメニューを取り入れるなど、ハードルを下げていきました。今では、初めて料理をする方、料理が苦手な方にもチャレンジしやすい工夫を必ず取り入れたメニューにしています。

ＹｏｕＴｕｂｅでレシピを公開すると、「わかりやすい」「作ってみたい」「レシピを試しました！」という感想をいただくのですが、それを読むのが私の楽しみの一つになっています。

以前、大人のいちごの食べ方として「いちごのグランマルニエ風味」というメニューをご紹介したときのこと。ある方から、こんなコメントをいただきました。

「最近本当に頑張ってる自分にご褒美をあげたくて深夜営業のスーパーで安売りの苺を買った日、たまたまこの動画を拝見しました。苺を一晩だけお預けにして、グランマルニエの小瓶を買ってきて作りました。高級スイーツのような味ですごく美

味しくて幸せな気持ちになりました。ケーキ屋さんが営業してる時間には帰れないし、苺だってなんの躊躇もなく買えるほど豊かじゃないけど、かけたお金の何倍も自分を大事にできた気がします。」（原文ママ）

このコメントを読んだ多くの方の共感を呼び、励ましや「自分や大切な誰かを大事にしよう」という温かいコメントであふれました。

レシピ自体は、いちごに砂糖で甘みをつけ、オレンジリキュールの風味をまとわせるというもので、火も使わない非常に簡単なメニューです。しかしこうした料理こそ、人を幸せな気持ちにするのだということを実感する出来事でした。もちろん私自身も幸せな気持ちになりましたし、動画を見てくださっている方の素直な気持ちも感じられ、とてもうれしく思いました。

シェフとしてレストランで料理をしていたときには、限られたお客様としか直接お会いすることができませんでしたが、その分、お客様のために全身全霊で料理を作ってきました。現在はＹｏｕＴｕｂｅを通して、動画を見てくださっている方が私のレシピで料理を作り、間接的に多くの方が召し上がってくださっていることは、形式は違えど、「料理」を通じて皆さんと交流しているような気持ちになり、やりがいを感じています。

次はどんなメニューを発信しようかと、毎日ワクワクしています。そのワクワクと料理への情熱を、ＹｏｕＴｕｂｅやＳＮＳを通じて共有し、皆さんと楽しく交流する。それを私のライフワークにしていきたいと考えています。

5章

2日以上楽しめる料理の素を覚えよう

料理は毎日のことなので、
翌日も使いまわせる素材を利用すれば、
時間も食材も無駄を省けますよね。
この章では、パン生地やひき肉だねなどを多めに作り、
翌日は別の料理に使いまわせる一石二鳥の素をご紹介します。
「万能パン生地」は、生地の半量で「フォカッチャ」を作り、
残りの生地は「ピザマルゲリータ」と「ナン」に応用します。
ひき肉にハーブを混ぜた「サルシッチャだね」は、
腸詰めにしない「自家製ソーセージ」に。
残りは翌日「トマトの肉詰め焼き」にして、2度楽しみます。
もう1つのおすすめは「クレープ生地」です。
1/3量で「生ハムとチーズのガレット」を作り、
残りは「カラメルソースのクレープ」をお楽しみください。

万能パン生地

パンにもピザにもなる生地を覚えておく

私はパンを作る過程で、うっかりして生地を発酵過多にしてしまったことがあります。そのときは、パン生地に使用できなくなったため、冷凍してピザ用として使いました。そんな経験から一つの生地でパンもピザも作れるようなレシピを考えました。この万能パン生地は、がんばってしっかりこねる必要はなく、材料がまとまる程度にこねるだけでいいので、パン作りの初心者に向いています。

フォカッチャはイタリアの平たいパンで、表面にくぼみをつけて焼くのが特徴です。発酵させた生地の上から指の第2関節くらいまで押し込み、くぼみをつけることで、ふくらみすぎずに均一に焼き上げることができます。オリーブオイルを塗って焼くと、表面はこんがり、中はモチモチとした食感になります。トッピングしたオリーブの旨味とローズマリーのさわやかな香りが一体となって口の中で広がり、絶妙な味わいが楽しめます。

この生地を円く薄くのばせば、ピザを作れます。

カレーのおともでおなじみのナンは、紀元前3千年ごろには、すでに中東地域で作られていたと言われています。48ページの「ケララ風チキンカレー」と一緒に挑戦してみてください。ナンは半分に切ってポケット状に開き、具をはさんでピタパンにしてもおいしいです。

作り方

材料（作りやすい分量・約700g分）

強力粉…400g
塩…8g
砂糖…14g
インスタントドライイースト…4g
ぬるま湯（40℃）… 230㎖
オリーブオイル…大さじ3
打ち粉（強力粉）…適量

1

ボウルに強力粉、塩、砂糖、ドライイーストを入れてざっと混ぜる。真ん中にくぼみを作り、分量のぬるま湯とオリーブオイルを加えて全体を混ぜる。軽くまとまったら、打ち粉をした台に取り出し、生地が均一にまとまるまでこねる（a）。なめらかになったら丸くまとめる。

⇒ 手のひらのつけ根を使って生地を台にこすりつけるようにします。

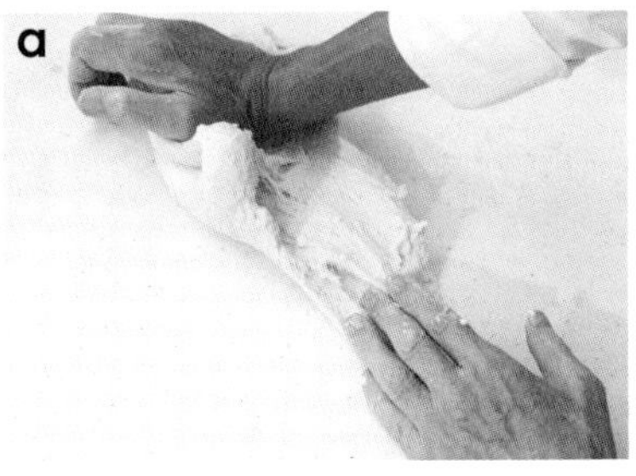
a

2

耐熱ボウルに薄くオリーブオイル（分量外）を塗って**1**を入れ（b）、ラップをかけて40℃（または発酵モード）に温めたオーブンに入れ、倍にふくらむまで50～60分一次発酵させる（写真上）。

b

3

人差し指に強力粉（分量外）をつけて**2**の生地に第2関節まで入れ、指を抜いて穴が保たれていれば発酵完了。打ち粉をした台に生地を取り出し、軽く押し、ガス抜きをする。

＊すぐに使わないときは分割して丸め、ラップに包み、冷凍室で1カ月間保存可能。使うときは室温で解凍する。

万能パン生地の応用 ①

フォカッチャ

作り方

材料（直径約20㎝1枚分）

万能パン生地（P141）…½量（約350g）
オリーブオイル…適量
オリーブ（黒・種抜き）…5〜6個
ローズマリーの葉…適量
粗塩…ふたつまみ
打ち粉（強力粉）…適量

発酵させる

1

打ち粉をした台に万能パン生地をのせ、直径20㎝に円く成形する。オーブンペーパーを敷いた天板にのせ、ふんわりとラップをかける。40℃（または発酵モード）に温めたオーブンに入れ、30分二次発酵させる。

仕上げ・焼く

2

生地の上面に刷毛でオリーブオイル大さじ2を塗り、指を押し込んで15カ所ほどくぼみを作る（a）。オリーブを輪切りにし、くぼみに埋め込み、ローズマリーを散らし、粗塩をふる。

⇒ くぼみがあると空気が抜けやすくなるので、ふくらみすぎず、均一に焼くことができます。

a

3

210℃に予熱したオーブンで18分焼く。好みで、ローズマリーのみじん切りを入れたオリーブオイルをつけて食べてもおいしい。

万能パン生地の応用②

ピザマルゲリータ

材料（直径約24cm1枚分）

万能パン生地（P141）…¼量（約170g）
トマトソース（市販品）…大さじ3
ドライオレガノ…小さじ½
ピザ用モッツァレラチーズ…100g
こしょう…少々
オリーブオイル…大さじ1
バジルの粗みじん切り…適量
打ち粉（強力粉）…適量

作り方

成形・焼く

1
万能パン生地を丸めてラップをかけ、室温に20分おく。打ち粉をした台にのせ、少し平らにしてから、生地の縁から1cmほど内側を指で押さえて厚みのある縁を作り、生地を両手で押し広げるようにして、直径24cmに円くのばす。

⇒ 両手を広げて生地を押し広げると、めん棒を使わなくても形が作れます。

2
オーブンペーパーに生地をのせてトマトソースを塗り、オレガノ、チーズをのせ、こしょうをふる。オリーブオイルを回しかけ、刷毛で生地の縁にも塗る（a）。240℃に予熱したオーブンで10分焼き、バジルを散らす。

a

ナン

万能パン生地の応用③

材料（直径約20㎝2枚分）

万能パン生地（P141）…¼量（約170g）
打ち粉（強力粉）…適量

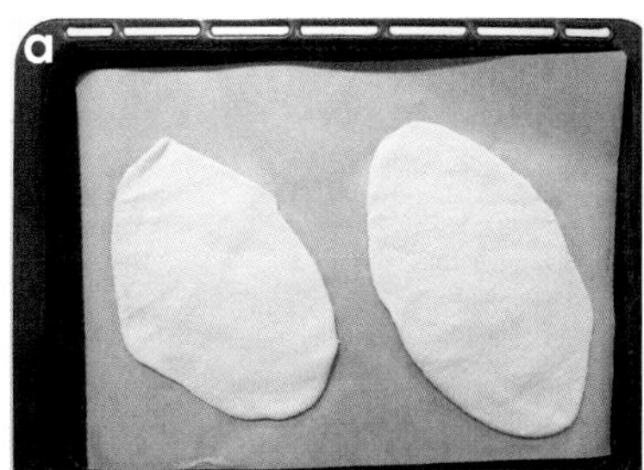

作り方

成形・焼く

1

万能パン生地を丸めてラップをかけ、室温に20分おく。打ち粉をした台にのせ、生地を２等分し、それぞれ長径20㎝、厚さ４～５㎜の楕円形にのばす。

2

オーブンペーパーを敷いた天板にのせ（a）、240℃に予熱したオーブンで５分焼く。またはフライパンを中火で十分に温め、生地を数回上下を返しながら両面を色よく焼く。

⇒ フライパンで焼くときは、時々上下を返しながら両面を焼くことでムラなく火が通ります。

サルシッチャだね
豚ひき肉にハーブを混ぜればソーセージだねができる

イタリアのサルシッチャは、生の豚肉を刻み、塩、こしょうやハーブなどを加えて腸詰めにしたものです。一般的なソーセージと違うのは、加熱調理をせずに売られていることです。家庭で作るなら腸詰めにしなくても楽しめるので、その方法をご紹介します。

作り方はハンバーグだねと似ていますが、ドライハーブを加えて風味豊かに仕上げます。セージ、ローズマリー、タイムを使うので、ミックスハーブの〝エルブ・ド・プロヴァンス〟があると便利です。サルシッチャだねをソーセージのように細長く成形し、ラップとアルミホイルで包み、低温加熱して火を通します。そのまま食べられますが、さらに軽く表面を焼くとよりおいしく味わえます。

このサルシッチャだねは、ハンバーグをはじめ、パスタや煮込みに使ったり、いろいろな応用料理が楽しめます。150ページでご紹介する「トマトの肉詰め焼き」もその一つです。

くりぬいたトマトの中身を煮て、サルシッチャだねに混ぜれば無駄にならず、旨味もプラスできます。焼いているうちに肉の重みでトマトが傾くことがあるので、アルミホイルをリング状に丸めてトマトをのせるのも、形を保つための重要なポイントです。

作り方

1

にんにく、パセリ、ベーコンはみじん切りにする。粒黒こしょうは包丁の腹やバットの底で押して、粗く潰す。

2

ボウルにすべての材料を入れ、材料が均一に行き渡るように手でよく混ぜ合わせる。

⇒ ただし、脂が手の温度で溶けてしまうので過度に混ぜすぎないように注意します。

＊すぐに使わないときはラップで包み冷蔵室で３日間、冷凍室で１カ月間保存可能。

材料（作りやすい分量・約560g分）

豚ひき肉…400g
ベーコン…５枚（100g）
にんにく…1片
パセリ…２枝
エルブ・ド・プロヴァンス（P128）
…小さじ2
粒黒こしょう…20粒
塩…小さじ½弱（2g、肉の重量の0.5%）
赤ワイン…大さじ2

サルシッチャだねの応用①

自家製ソーセージ

ペイザンヌ
→P53

作り方

成形する

1
サルシッチャだねを6等分し、細長く成形する。ラップでぴったり包んで両端をねじり、さらにアルミホイルで包み、両端をキャンディのようにねじる(**a**)。

⇒ ゆでるときに湯が入らないように、二重にしてぴったり包みます。

ゆでる

2
フライパンにたっぷりの湯を沸かし、**1**を入れ、弱火にして15分ゆでる(**b**)。途中、7分たったら裏返す。網に取り出して冷まし、アルミホイルとラップをはずす。

焼く

3
卵焼き器にオリーブオイルを中火で熱し、**2**を入れて表面全体に焼き色がつくまで焼く(**c**)。器に好みでペイザンヌ(P53)を広げて盛り、ソーセージをのせる。好みでイタリアンパセリを飾る。

材料(2人分・6本分)

サルシッチャだね(P147)…360g
オリーブオイル…大さじ1

サルシッチャだねの応用②

トマトの肉詰め焼き

ズッキーニのフォンダン

→P51

材料（2人分）

サルシッチャだね（P147）…200g
トマト…大2個（400g）
オリーブオイル …大さじ2

作り方

下準備

1

トマトのへたの部分を2cm厚さに水平に切り離す。下側も少し切って安定させる。スプーンでトマトの種と果肉をくりぬき、器にする。くりぬいた種と果肉はみじん切りにする。

2

フライパンに1のくりぬいたトマトの果肉を入れて中火にかけ、⅓量になるまで煮る。しっかり冷ましてから、サルシッチャだねに加えてよく混ぜる（a）。

成形する

3

トマトの器の中に2を等分にこんもりと詰める。天板にオーブンペーパーを敷き、アルミホイルをリング状にして置き、トマトをのせて安定させる。へたの部分も並べる。サルシッチャだねとへたの部分に、オリーブオイルを刷毛で塗る（b）。

⇒ オリーブオイルを塗ることで乾燥や焦げを防ぐことができます。

焼く

4

190℃に予熱したオーブンで20分焼く。へたの部分をのせて器に盛る。好みでズッキーニのフォンダン（P51）を添え、イタリアンパセリを飾る。

クレープ生地

冷蔵庫で休ませることでなめらかな生地になる

クレープ生地やスポンジ生地などお菓子の生地を作る上で重要なことは4つあります。

〈その1〉使用する道具をしっかり準備しておくこと。〈その2〉正しく計量すること。〈その3〉食材を混ぜる順序を間違えないこと。〈その4〉焼くときの温度です。

クレープの生地作りでは、特に3つめの材料を混ぜる順序を間違えないように注意してください。でき上がった生地にはストレスがかかっているので30分くらいは冷蔵室で休ませます。すると焼いたときにレースのようにきれいな焼き模様ができますよ。

フランスのブルターニュ地方では、そば粉を使った塩味のガレットが有名ですが、薄力粉の生地に、卵、ハム、チーズをのせたガレットも軽食におすすめです。

パリの三つ星レストランで働いていたときに、スフレ生地をクレープの皮で包んだデザートがスペシャリテだったので、1日に何枚も焼いた経験があります。

クレープ生地は、ソースで煮ても破れたりしないので、その利点を生かしてオレンジジュースで煮た「カラメルソースのクレープ」もご紹介します。冷たいアイスクリームを添えるのが私流です。

作り方

1

バターは耐熱容器に入れ、ふんわりとラップをかけて電子レンジで１分30秒加熱して溶かしバターにする。

2

大きいボウルに薄力粉をふるい入れ、グラニュー糖、塩を加えて泡立て器で混ぜる。溶き卵を加えて混ぜ、牛乳を２～３回に分けて加え、そのつど混ぜる。**1**の溶かしバターを加えてよく混ぜ合わせる。ざるでこし、ラップをかけて冷蔵室で30分休ませる。

⇒ 牛乳は一度に加えると混ざりにくくなるので、2～3回に分けて加えます。

＊ボウルにラップをかけて冷蔵室で２～３日間保存可能。

材料（6枚分）

薄力粉 …75g
グラニュー糖…35g
塩…小さじ½弱（2g）
溶き卵…２個分（100g）
牛乳…250mℓ
バター（食塩不使用）…15g

クレープ生地の応用 ①

生ハムとチーズのガレット

作り方

生地を焼く

1

フッ素樹脂加工のフライパン(26㎝)を中火で熱し、バター少々を溶かしてペーパータオルで塗り広げる。クレープ生地の半量を流し入れ、すぐに均一に広げ、弱めの中火で焼く。

⇒ 生地を流したときに、シューッとやさしい音が出るくらいが温度が目安。

具をのせて焼く

2

生地の縁に焼き色がついてきたら、中央に卵1個を割ってのせ、卵黄は中央におき、フライ返しで卵白を卵黄のまわりの皮にこすりつけて広げる(**a**)。白身がかたまりはじめたら、白身の上にピザ用チーズの半量を散らし、生ハムの半量をちぎってのせる(**b**)。

3

生地が焼けてチーズが溶けたら、フライ返しで上下左右を少し折りたたみ、ふたをして卵が半熟になるまで少し蒸らす。器に盛り、こしょう少々をふる。同様にしてもう1個作る。

材料(2枚分)

クレープ生地(P153)…⅓量
卵…2個
ピザ用チーズ…120g
生ハム…2枚
こしょう…適量
バター(食塩不使用)…適量

a

b

クレープ生地の応用 ②

カラメルソースのクレープ

作り方

1 生地を焼く

P155の作り方1と同様にしてクレープ生地の¼量を流し入れて焼く。生地の縁に焼き色がついてきたら、フライ返しを少し差し入れ、手で持ち上げて上下を返し、軽く焼いて取り出す。残りも同様にして4枚作る（この状態で冷凍保存も可能。冷ましてから重ねてラップで包み、冷凍する。使うときは室温で解凍する）。

2 ソースを作る

フライパンにグラニュー糖と分量の水を入れて中火にかけ、煙が出はじめて色づいてきたらフライパンを回して均一に色づくようにし、バターを加えて溶かす（**a**）。オレンジジュースを加えて煮立て、いったん火を止める。

⇒ 混ぜると温度が下がり、砂糖が結晶化するので、フライパンを動かして焦げつかないようにします。

3 ソースで煮る

1のクレープの皮を焼き色がついた面を外側にして4つ折りにして入れ（**b**）、カラメルソースに浸す。中火で煮立て、クレープの皮を裏返し、弱めの中火で煮る。器にクレープの皮を等分に盛り、フライパンに残ったソースをかける。アイスクリーム、オレンジの果肉をのせ、好みでミントを飾る。

材料（2人分・4枚分）

クレープ生地（P153）…⅔量
バター（食塩不使用）…適量
カラメルソース
- グラニュー糖…30g
- 水…小さじ1
- オレンジジュース（果汁100%のもの）…120mℓ
- バター（食塩不使用）…20g

オレンジの果肉…½個分
バニラアイスクリーム…適量

a

b

おわりに

この本を手に取り、私の料理の世界にお付き合いいただき、ありがとうございます。

今回のレシピ本は、「料理がなかなかおいしく作れない」「ほめられたことがない」というような悩みをお持ちの初心者の方にもわかりやすいように、シンプルなレシピにし、おいしくするコツを写真と文章でまとめました。
シンプルなレシピだからこそ、なぜそうするのかが理解できると、自然と身に付きます。
何度か作って、レシピが身に付いたと感じられるようになったら、次はあなた好みの味や材料に変えて、アレンジしてみてくださいね。

料理は単なる食事の準備だけでなく、家族や友人との絆を深め、楽しい喜びの時間を共有する行為でもあり、豊かなライフスタイルを築く一環として大きな意味と価値があると思っています。
多くの方に、この「料理がもたらす幸福感」を味わっていただくため、私の料理人生の旅路は、まだまだ続きます。

最後に、本書の発行にあたり、企画をしてくださったKADOKAWAの中野さなえさん、編集の内田加寿子さん、カメラマンの邑口京一郎さん、スタイリストの本郷由紀子さん、本のデザインをしてくださったナカムラグラフの皆様、その他スタッフの皆様、本当にありがとうございました。

それでは感謝の気持ちを込めて、ボン・サンテ（健康を祈って）！

2023年冬　松尾幸造

YouTube チャンネル

/ Grand Chef MATSUO 松尾幸造

https://www.youtube.com/c/grandchefmatsuo

松尾 幸造

1948年生まれ。1960年代に国内の有名ホテル、レストランに勤務後、スイスのホテル学校に留学。ヨーロッパの有名ホテル、レストランで経験を積み、帰国。1980年東京・渋谷区松濤に一軒家レストラン「シェ松尾」を開店し、オーナーシェフとして活躍。 2000年日本文化振興会社会文化功労賞受賞。2007年ＮＰＯ日本抗加齢食普及協会理事長に就任。2019年「シェ松尾」の会長を引退。2021年よりYouTubeで「Grand Chef MATSUO 松尾幸造」をはじめ、登録者48万人（2023年11月現在）の人気チャンネルに。主な著書に『シェ松尾元オーナーシェフのお料理教室　普通の食材をお店の味に変えるレシピをまとめて』（小社刊）がある。
https://www.youtube.com/c/grandchefmatsuo

料理をほめられたことがない人に捧げる
松尾シェフのレシピ帖

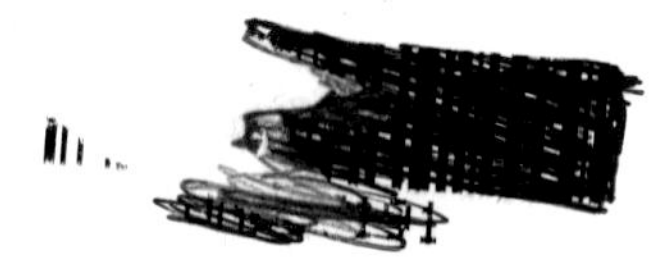

2023年12月21日　初版発行

著者　松尾 幸造
発行者　山下 直久
発行　株式会社KADOKAWA
〒102-8177　東京都千代田区富士見2-13-3
電話0570-002-301（ナビダイヤル）
印刷所　TOPPAN株式会社
製本所　TOPPAN株式会社

●お問い合わせ
https://www.kadokawa.co.jp/
（「お問い合わせ」へお進みください）
※内容によっては、お答えできない場合があります。
※サポートは日本国内のみとさせていただきます。
※Japanese text only
定価はカバーに表示してあります。

ISBN 978-4-04-897596-4 C0077